# 어둠 속에서 살아남다

## 7명의 수용자 자녀의 이야기

# 어둠 속에서 살아남다

## 7명의 수용자 자녀의 이야기

★ (사)아동복지실천회 세움 편 ★

학지사

이 책에는 이미 일어난 일을 받아들이는 것, 속수무책으로 불행으로 떨어지는 것말고는 아무것도 할 수 없었던 아이였던 이들의 지난날이 담겨 있다. 이들은 있는 힘껏 용기를 냈다. 열어 보는 것 자체가 아픔이었을 그 시간의 자신과 마주했다. 그리고 도무지 정리되지 않을 것 같은 그때의 기억들을 문장으로 풀어내었다. 비슷한 시간을 지나온 서로의 이야기를 읽고 피드백을 주며, 서로를 보듬는 시간을 가졌기에 그 문장들은 더 아름다워졌다. 이제 과거의 자신과 같은 시간을 지나고 있을 사람들에게 위로와 힘을 전하고 싶을 만큼 성장한 이들의 현재가 담겨 있다.

과거의 '나' 자신을 마주하고 글을 써내는 시간을 통해 그 당시에는 보이지 않았던 것들을 발견하고, 끝내는 지독한 운명과 화해하게 되는 글쓰기의 힘을 잘 알고 있는 사람이다. 이들이 이 책을 쓰는 순간부터 시작되었을 '성장의 힘'이 독자들에게도 오롯이 전해질 것을 기대한다.

-한동대학교 상담심리사회복지학부 이지선 교수-


"어른들은 몰라요"라는 제목이 30년이 넘도록 사라지지 않는 이유는 기성의 시선에서는 여전히 아이들의 사정과 마음을 살피지 못하기 때문이며, 동시에 자라나는 아이들의 마음은 전쟁터와 같기 때문이다.

그런데 이런 전쟁터가 있을까? 수용자 자녀들의 글을 읽으며 이토록 무력감을 느낀 적이 있었던가? 어른이라는 사실만으로 그들 앞에서 무릎을 꿇고 대신 사과라도 해야 할 것 같았다. 벗어나게 해 달라고, 누가 나를 좀 구해 달라고, 여기서 꺼내 달라는 아이들의 외침이 글에서 들리는 듯했다. 그동안 이 전쟁터를 알지 못했던 이유는 아이들의 속 깊은 연기 때문이었을 것이다. 대단하고 멋진 인물이 아니라 그저 평범한 가정에서 평범하게 자라는 사람처럼 보이려고 처절하게 연기했다.

자신의 추운 계절을 버텨 내 준 것만으로 잘했다고 응원하고 싶다. 지키고자 했던 비밀의 무게에 눌려서 숨도 제대로 쉬지 못하던 아이들이 큰 용기를 냈다. 상처가 가득했던 시간이 또 다른 상처 입은 자를 살릴 수 있다고 믿기 때문이다. 그동안 우리가 알지 못했던 비밀의 숲으로 여러분을 초대한다.

-이요셉 작가-

인생에서 고통은 피할 수 없는 경험이다. 저마다 다른 사건과 자신만의 특별한 삶의 여정을 걷지만 '고통'이라는 단어는 모두가 경험하는 것이기에, 우리는 그 '고통'으로 서로 연결될 수 있다. 감당하기 힘든 고통은 종종 해결되지 못한 채 가슴속 어딘가에 억압되어 저 깊은 곳에 숨겨진다. 그리고 아무렇지 않은 듯한 행동과 외면하는 말, 과도한 웃음, 밝은 표정, 혹은 오랜 침묵과 눈치로 가려지고는 한다. 하지만 그 깊은 고통의 기억은 언제라도 수면 위로 올라올 듯한 느낌을 남기고 우리는 불안과 초조함, 두려움으로 살아가고는 한다.

아이들의 아픈 고백은 너무나 사실적이고 담담하며 시간에 따른 순차적 스토리로 되어 있다. 마치 어린 시절의 일기처럼 몇 월 며칠 그리고 몇 시에 어떤 일이 일어났는지에 대한 고백으로 쓰여 있어서 단순한 사건의 일지 같지만, 그 고백이 우리의 건조하고 무디어진 가슴을 거침없이 열어 버리고 쓰린 맛을 보게 한다. 아이들이 어떤 연유로 보호막 없이 고스란히 어른들의 관계에 노출되고 저마다 다른 상황에서 자신만의 방법으로 그 고통을 가리고 억압하고 회피해 왔는지, 글을 읽는 내내 여러 번 숨을 고르며 읽어 내려가야만 했을 만큼 가슴이 아려 왔다.

트라우마의 기억은, 억압하고 숨겨 놓는 한은 해결되지 못한다. 자신의 삶에서 가장 고통스러웠던 그 기억을 더듬더듬 적고 말하면서 조금씩 그 스토리가 인과적으로 완성되어 가야만 한다. 즉, 과거의 힘들었던 기억을 현재의 시점에서 고백하고 미래의 소망으로 확장되어 갈 때 비로소 개인의 아픔은 치유의 과정을 만나게 된다. 그런 의미에서 7명의 아이들이 적은 글은 너무나 반가울 수밖에 없다. 담담히 자신의 과거를 더듬어 회상하고, 현재의 시점에서 그 아팠던 기억을 글로 적어 가고, 또 많은 이에게 고백하고, 자신의 삶에서 각자가 소망하는 미래를 인식하고, 자기 삶의 주인이 되어 살아가고 있는 아이들을 보니 그들의 미래가 기대되어 얼마나 반갑고 안심이 되는지 모르겠다.

아이들이 그토록 원했던 사랑, 그리고 안전함과 보살핌, 또 무엇보다 편견 없이 대우받기를 희망했던 존엄성과 존중은 특정한 이들만의 필요가 아니다. 모든 세상의 아이가 원하는 것이고 인간이라면 누구라도 원하고 필요로 하는 것이다. 7명의 아이들은 자신들 삶의 경험 안에서 절절히 말하며, 그 필요들이 왜 우리 삶에 중요한지를 말해 주고 있다. 또한 우리가 서로의 삶을 위해 어떤 태도로 세상을 살아가야 하는지도 알려 주고 있다. 서로를 비판만 하며 바라보지 않는 태도, 조금은 열려 있는 마음, 서로의 안전을 위해 노력하는 의지, 서로의 고통을 공감하는 연민, 따뜻하게 살 권리를 보살펴 줄 책임에 대해 우리는 아이들로부터 배울 수 있다.

아픔을 딛고 살아가는 사람에게는 고귀한 향기가 난다. 이 책을 읽는 내내 아이들이 고백하는 그 희망이라는 향기에 푹

빠졌다. 그러나 동시에 이 아이들의 아픔과 고통에 고개를 숙이고 경의를 표한다. 버텨 내고 살아낸 이들의 그 과정은 어떤 말로도 위로가 되지 못할 수도 있지만, 나는 개인적으로 그들의 삶에 참으로 수고가 많았다고, 너무나 고맙다고 말하고 싶다. 이들에게 앞으로 축복과 행복이 가득하기를 진심을 담아 마음을 건넨다.

-리플러스 인간연구소 박재연 소장-

# 우리는 다시 일어날 수 있다

수용자 자녀의 친한 친구, 비밀 친구 '세움'이 간직한 꿈은 '수용자 자녀가 당당하게 사는 세상'이다. 그 누구라도 부모의 죄와 상관없이 한 아동으로, 한 인간으로, 존재 자체만으로 소중함을 인정받고 '부모의 수감'이라는 꼬리표가 없이 살아가는 것이다. 이 책은 '세움'이 그렇게 꿈꿔 왔던 길에서 자신의 이야기를 용기 있게 글로 풀어낸 7명의 자랑스러운 이들의 글이다.

회복력(resilience)은 본래 긍정성, 낙천성과 나를 믿어 주는 한 사람이 있을 때 가능하다고 한다. 7명의 각기 다른 삶의 경험을 읽어 보면 내면의 힘이 있다는 것을 느낄 수 있었다. 부모 중 한 사람의 수감으로 인한 어려움을 넘어서 이 상황을 삶으로 받아들였고, 살기 위해서 발버둥치면서 그들 스스로가 '살아남았다'고 고백하는 강한 내적 힘과 삶을 마주하는 긍정성을 볼 수 있었다. 또한 자신과 같이 부모를 교도소에 보낸 이들에게 당당하게 이야기하고 있으며, 우리 사회에 편견이 아닌 있는 그대로의 모습으로 바라봐 줄 것을 요청하고 있다.

과거의 아픈 시간을 '직면'하는 것은 누구에게나 힘들고 괴로운 작업이다. 이 작업을 하겠다고 나선 7명의 작가가 너무 대견하고 고맙다. 7명의 작가는 글을 쓰면서 지난 시간의 아픔에 처절하게 몸부림치며 서로가 견디어 왔고 통과해 왔던 시간을 함께 이야기하였다. 서로 진심의 마음으로, 눈으로, 언어로 같이 울고 손잡아 주고 격려해 주었던 시간을 통해 이들은 더 성숙하고 단단해졌다. 인생의 경험을 해석하고 자신의 것으로, 자신의 시간으로 만들어 가는 과정이었다. 이 과정을 통해 이들은 외상 후 성장(post traumatic growth)을 하였다.

이제 이 작가들의 단단해진 마음에 기댈 수 있기에 '세움'도 한 뼘 더 성장하고 단단해졌다. 언어의 한계일까! 자랑스럽고, 소중하고, 고맙고, 감사하다는 단어로도 다 담을 수 없는 내 마음을 독자들도 책을 읽으면서 느끼게 될 것이다.

추천사를 기꺼이 써 주신 이지선 교수님, 이요셉 작가님, 박재연 소장님께 감사드린다. 아이들의 희망찬 미래가 상상되는 멋진 표지를 그려 주신 잠산 작가님께도 감사드린다. 아이들을 애끓는 마음으로 만나 주고 곁에서 이 책이 나오기까지 함께해 준 최윤주 부장님께 특별히 감사드린다. 세움이 설립된 2015년부터 지금까지 수용자 자녀 지원을 흔쾌히 해 주고 계신 ㈜고려아연과 유중근 이사장님께도 특별히 감사드린다. 믿어 주고 지지해 주셨기에 '세움'의 아이들이 이렇게 자신의 이야기를 풀어낼 만큼 성숙해졌다. 더불어 서울사회복지공동모금회, 최승윤 작가님께도 감사드린다. 마지막으로 작가들의 글을 읽고 삽화를 그려 준 당사자 김유찬 님과 우리의 자랑스러운 7명의(망고, 육공이, 라엘, 한빛, 글쓴이, 다피, 콩) 작가님께 마음을 모아 감사드린다.

아동복지실천회 세움 대표

이경림

# 차례

# 깰 수 없는 악몽에서
생존하기

콩

## 어둠 속으로의 추락

언제부터였던가 나는 다른 사람들에게 숨기는 것이 많아졌다. 우리 가족과 집안일에 관한 것이 대부분이었다. 화목하고 행복한 가족이 있는 친구들을 남몰래 부러워하게 되었다. 그 일이 일어났을 때 나는 열두 살, 내 생일 언저리였다. 처음으로 케이크에 촛불을 붙이고 축하를 받지 못했던 생일이라 또렷이 기억난다. 그전까지는 내 삶에서 이렇다 할 큰 사건은 없었다. 우리 집은 평범한 가정이었고, 주말이면 온 가족이 다 함께 대청소를 하거나 아버지께서 나와 동생을 데리고 드라이브하는 등 나름대로 괜찮은 나날을 보냈다고 기억한다. 아버지께서 남은 우리 가족의 곁을 떠난 것은 내 삶에서 첫 번째 변곡점이 되어 그 이후 모든 면에 영향을 끼쳤다.

아버지는 모종의 사건으로 수용자가 되셨다. 어머니는 몇 개월 동안 온전한 정신을 유지하지 못하셨다. 나는 아버지가 죄를 지어 감옥에 갔다는 것만 알 수 있었다. 어머니와 나, 동생은 외갓집으로 쫓겨나듯이 이사했다. 초등학교 내내 살았던 정들었던 동네를 떠났는데, 그전에 살던 아파트에서 마지막으로 짐을 챙겼던 순간이 마음속 깊이 아리게 남아 있다. 그 당시에는 집을 떠나는 것이 어떤 의미를 가지는지 곱씹어 볼 만큼 아는 것이 하나도 없었지만, 그럼에도 불구하고 어린 나는 이해할 수 없는 슬픔이 찾아왔다. 어른들은 나와 동생이 텔레비전 뉴스나 인터넷 기사를 보지 못하게 하셨다.

어머니는 매일매일 바쁘셨으며, 순간순간 어머니가 무너지는 것을 지켜보면서 나는 어디에도 의지할 수 있는 곳이 없다는 두려움과 공허함에 시달렸다. 살던 동네를 떠났으니 전학도 갔다. 초등학생이 겪었던 내적 갈등과 괴로움의 크기란 누군가에게는 끝까지 이해할 수 없는 것일지도 모르겠지만, 나는 그때 정말 많이 힘들어했다. 또래 아이들을 대하고 함께 어울리는 것이 왜 그렇게 어려웠는지 모르겠다. 그러나 어머니한테는 절대로 나의 속내를 전부 말하지 않고 혼자 그저 속을 끓이고 깊이 묻어 놓은 그때의 감정을 나는 여전히 기억한다.

## 적응

중학교에 진학하고 나서는 상황도 진정되고 조금 밝아지면서 친구들과 무난하게 어울리게 되었다. 나도, 어머니도 알아챌 만큼 중학생이 된 이후로 많이 달라졌다. 전학 가기 전 동네에 살았을 때 같은 초등학교에 다녔던 친구 서넛이 같은 중학교에 배정되었다. 그 친구들로 인해 아버지의 일이 다른 친구들 사이에 알려질까 봐 나보다 어머니가 더 많이 걱정하셨다. 다행히 중학교에 다니는 내내 가정사가 소문나서 내 발목을 잡는 일은 없었다. 나는 아버지와 함께 사는 척 했다. 어머니와 아버지 두 분 모두 계시고, 평범한 가정에서 자라는 사람처럼 보이도록 애썼다. 아버지께서 수감된 이후 어머니는 내게 아버지의 다른 이름을 알려 주고 대답할 일이 있을 때는 그 이름을 말하라고 했다. 종종 학교 친구들은 내게 복잡한 가정사가 있다는 사실을 절대 알지 못할 거라고 생각할 때면, 이 세상의 비밀을 혼자 간직한 것만 같은 우울하고 이상한 기분이 들고는 했다.

나는 목표 의식과 성취에 대한 자기 만족감이 강한 편이었다. 초등학교 때도 모범생에 속했고, 중학교에서도 공부를 열심히 하는 편이었다. 나는 좋은 성적을 받는다는 것이 모든 면에서 큰 도움이 된다는 것을 일찍 깨달았다. 어릴 때부터 어머니는 공부를 잘하면 다른 사람들이 무시하지 못할 것이라는 말을 종종 하셨다. 내 의지였는지, 어머니의 주입식 교육 때문이었는지, 그 둘이 적절히 조화된 것이었는지 아무튼 나는 공부를 열심히 하는 것을 당연하게 생각했다. 공부를 잘하는 것은 일차원적으로 타인에게 좋은 이미지로 비친다는 것에서 기분 좋은 일이었다. 실질적으로 중요한 것은 장학금이었다. 나는 가정환경과 성적의 두 조건을 모두 갖추어서 중학교와 고등학교 내내 많은 곳에서 경제적인 지원을 받을 수 있었다. 그랬기에 내가 무사히 고등학교를 졸업하고 대학생이 되어 다시 평범한 나날을 보낼 수 있게 된 것이다. 이후에 어머니도 이 부분이 참 다행이라며 내게 고마워하셨다.

나는 그래도 많은 일을 겪었던 것에 비해 평범한 학교생활을 할 수 있었다. 평범한 학교생활을 했다는 것은, 아버지께서 수감되셨다는 사실이 내 학교생활에서 큰 문제가 되지 않았다는 의미다. 당연히 내가 어떻게든 숨겼으니 가능했다. 하지만 친하게 지내는 친구들은 내가 무의식적으로 부모님 대신 어머니만을 언급하는 것, 아버지에 대한 이야기를 굳이 하지 않는 것을 보며 대강 아버지와 살지 않는다는 것은 눈치챘을 것이다.

## 어떤 불행은 나눌 수조차 없다

현실적 문제와 직면하면서 내게 주어진 불행의 크기를 짐작할 수 있었고, 곧 나 자신을 불쌍히 여기게 되었다. 누군가에게는 당연한 것이 나에게는 아닐 때가 많았다. 세상 사람 모두가 각자의 사연을 가지고 있다는 것을 아는데도 그들의 불행이 나만큼은 아니라고 생각했다. 어린 나이에 범죄자 아버지를 두고, 세상 모든 짐을 혼자 짊어진 어머니와 시도 때도 없이 크고 작은 사고를 일으키는 동생 사이에서 나는 내 감정을 포기하고 집안의 평화를 위해 '봉사'했다. 그렇다. '봉사'라는 표현이 맞을 것 같다. 봉사는 자발성이 인정될 때 그 의미를 가진다는데, 내가 지난 8년간 해 온 봉사는 과연 그만한 가치를 가질까? 나에게 달리 주어진 선택지는 처음부터 없었다.

우리 집은 건들면 바로 터질 것 같은 시한폭탄 같았다. 아버지께서 안 계시니 생계는 온전히 어머니의 몫이었고, 3인 가족의 한 달 생활비는 그리 만만하지 않았다. 학원도 여러 군데 다녔는데, 사실 내가 받은 장학금으로 해결할 수 있기는 했다. 돈을 버는 일이 절대 쉽지 않다는 것은 어머니를 보며 쉽게 깨우칠 수 있는 사실이었다. 드라마에서 보통 가난한 집에 사는 등장인물이 여러 개의 아르바이트를 하고 집에 와서도 밤새 뜬눈으로 하는 인형에 눈알 붙이기 같은 부업을, 우리 가족이 지

01 깰 수 없는 악몽에서 생존하기

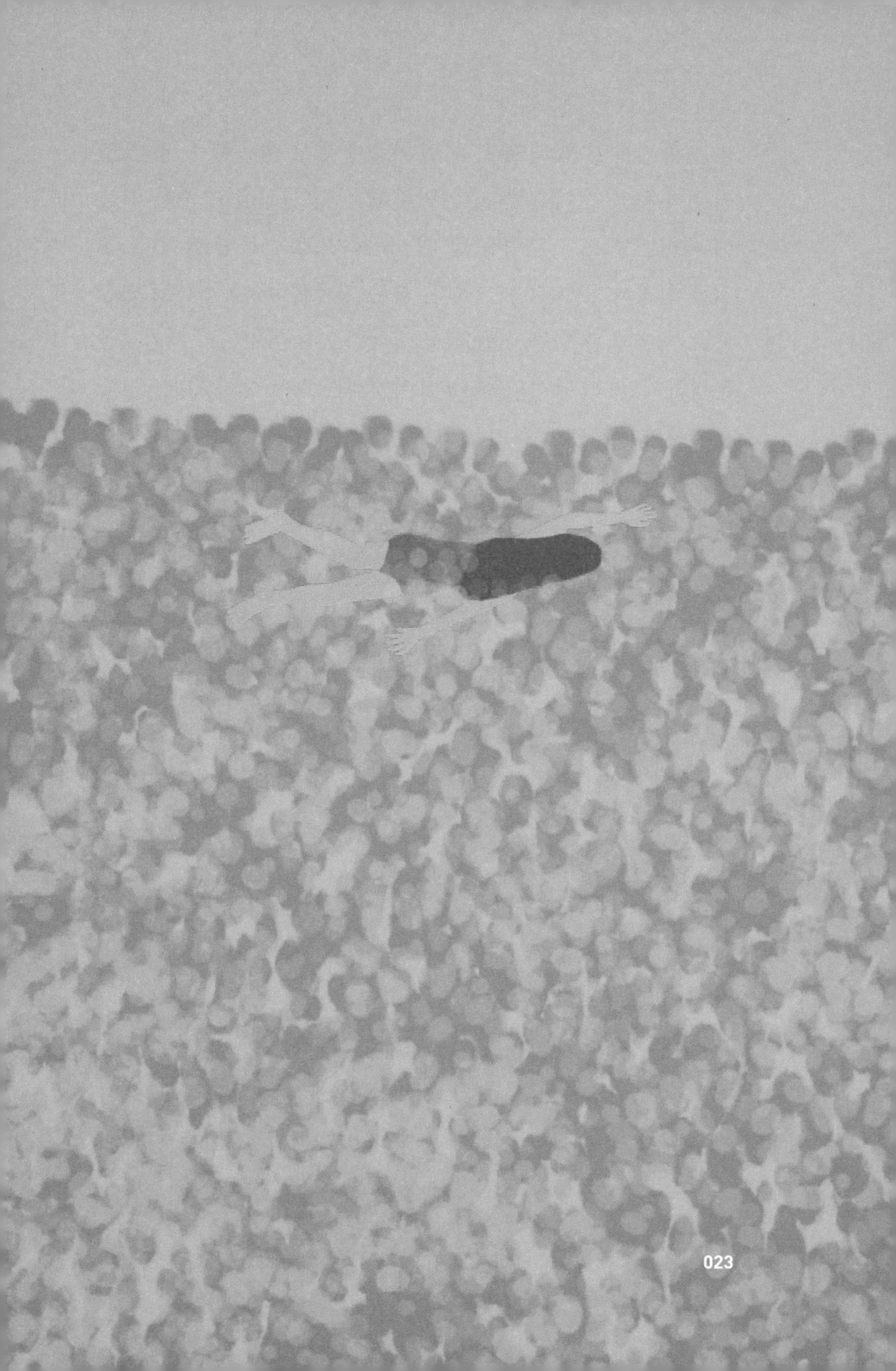

내는 방에서 보게 되었다. 어린 마음에 말로 형용할 수 없는 서러움이 들었고 억울했다. 외면하고 싶던 현실을 마주한 기분에 어머니를 도와 부업을 할 때 마음속으로 눈물만 삼켰다. 솔직한 심정은 '부끄러움'이었다. 물론 지금은 한 가정을 몇 년간 홀로 지탱해 온 만큼 이를 악물고 살아오신 어머니의 책임감을 존경하지만, 그 당시의 십 대 아이에게는 그저 상처였다.

동생과 싸우기도 많이 싸웠다. 초등학생과 중학생 남매가 티격태격하는 것은 그리 놀라울 일은 아니라고 해도 우리는 조금 과한 편이었다. 우리의 싸움으로 나와 동생, 어머니와 할머니 모두 스트레스를 많이 받았으니 말이다. 돌이켜 보면 우리는 그저 화가 많았던 것 같기도 하다. 답답하고 불안한 심정이 응축되어 쌓인 마음속 화가 서로를 미워하게 만들었을지도 모른다.


## 깰 수 없는 악몽

겉으로는 아무런 문제 없는 학생이었지만 조금 열심히 학교생활을 한다고 해서 우리 집안의 본질적인 문제가 사라진 것은 아니었다. 학교를 마치고, 좁고 낙후된 골목을 지나 집으로 걸어가는 귀갓길은 괴롭고 외로웠다. 나는 매일 전혀 다른 두 세상을 오갔다. 학교에서 완벽하게 행복하지는 않았지만, 학교생활에서 겪는 대부분의 시련은 내가 해결할 수 있는 범위 내

에 있었다. 그러나 집에서 나를 기다리고 있는 것은 내 힘으로
는 어쩔 수 없는 문제였다. 어머니와는 상상할 수 없을 만큼 부
딪쳤다. 수없이 반복되는 아픔에 그때의 기억을 스스로 많이
지웠다. 지금 꺼내 보려 하니 정확히 기억도 나지 않지만, 구체
적인 상황은 기억할 수 없어도 그때의 감정만은 몸이 기억하고
있다. 죽고 싶다는 생각을 하루에도 수십 번 넘게 했다. 어머니
가 내게 언성을 높이지 않는 날을 꼽는 게 더 빨랐고, 눈물이 마
를 날도 없었으며, 수없이 가출했던 당시의 상처들이 그대로
남았다. 어머니한테는 맞기도 했다. 이러다가는 언젠가 얼굴도
맞겠다고 생각했으며, 기어코 뺨까지 맞았다. 어머니가 집어
던지는 책도 그대로 맞았다. 나중에 이때 받았던 상처를 입 밖
으로 뱉으니 어머니는 옛날 일을 아직까지 걸고넘어지는지 어
이없어하셨다. 2차 가해였다.

　자해를 하기도 했다. 맨 처음 그 시작은 너무 무서웠다. 원체
겁이 많은 내가 자해를 결심하고 손목에 칼을 가져다 대도 정
말로 긋기까지는 많은 용기가 필요했다. 자해할 용기라는 말이
참 우습게 들린다. 살아갈 용기가 아니라 죽을 용기를 찾았다
는 것이 절망적이었다. 죽을 정도로 긋지도 못했지만, 처음 느
끼는 아픔이었다. 손목이 아리고 피가 계속 배어 나왔다. 별로
하고 싶지 않았다. 당시 유행했던 〈바코드〉라는 제목을 가진
노래가 있었는데, 아마 자해한 손목에 남은 칼자국을 바코드라
고 한 것이었나 보다. 그런 바코드 몇 줄이 내 양 손목에도 새겨

졌다. 긴소매를 입어도 움직임에 따라 손목이 드러나니까, 무엇으로든 가리지 않으면 안 되었다. 밴드를 붙였다. 아무래도 손목에 밴드가 붙어 있으니 조금 의심스럽게 보였다. 누군가가 눈치챌까 봐 심장이 뛰었다. 딱 한 명이 내 손목에 밴드가 붙어 있는 것을 발견하고는 "너, 설마……." 하며 과장된 액션으로 놀라는 반응을 보였다. 나는 다친 것이니 오버하지 말라고 하며 웃어넘겼다. 그 친구가 장난으로 물었던 건지, 단순한 놀라움과 궁금증이었는지, 우회한 걱정이었는지 지금도 정확하게 알 수는 없다.

친구들은 물론이고 어머니에게도 들키지 않으려고 애를 썼다. 그러다가 자해 상처를 들킨 날, 어머니는 예상하지도 못한 방법으로 또 한 번 나를 죽였다. 어김없이 서로를 할퀴고 소리를 지르고 눈물을 펑펑 쏟던 밤, 격앙된 대화 끝에 "너, 그 손목에 상처 내는 것도 엄마 보고 죄책감 느끼라고 일부러 하는 거지?"라고 하셨다. 가슴속 무언가가 또다시 무너졌다. 나는 상처가 아니라, 자신을 공격하는 딸로부터 자신을 보호하는 데에만 관심 있는 부모를 가졌다. 내가 왜 자해를 했는지, 아프지는 않았는지 걱정하는 부모가 아닌 자해를 했다는 사실마저도 나를 공격할 무기로 사용하는 부모를 가졌다. 이 부정할 수 없는 현실이 나를 더 아프게 했다.

자해했던 상처는 다시 칼로 베지 않는 이상 아물었기 때문에 시간이 지나 서서히 사라져 더는 가리지 않아도 되는 상태

가 되었다. 자해를 그만둔 건, 어느 날 칼을 쥐고 죽기 위해 '죽을 만큼도 아닌' 상처를 스스로 내려고 겁먹고 있는 내가 너무도 애달팠기 때문이다. 몇 년의 시간이 흐른 후 극심한 스트레스로 (물론 집안일과 관련된) 다시 칼을 들었다가 포기한 적이 있다. 지금 자해를 하려니 이토록 겁이 나는데, 그때 어린 나의 마음이 얼마나 다쳤었기에 그렇게 구석에 몰리게 되었을지 알고 싶지 않았다.

가출했던 횟수는 기억나지 않는다. 도저히 어머니와 마주 보며 이 이상으로 나 자신을 다치게 하거나 집에 못 있고 죽고 싶다는 생각이 들 때 집을 나왔다. 그러나 당연하게도 나는 갈 곳이 없었다. 그래서 마냥 동네를 돌아다녔다. 상권이 발달하지 않은 오래되고 삭막한 주택가를 거닐며 외로움을 속절없이 받아들여야만 했다. 발길이 닿는 곳으로 무작정 걷기도 했다. 그렇게 떠돌다가 자야 할 시간이 되면 집으로 돌아갔다. 최대한 조용히 문을 열고 들어가 춥고 좁은 다락방에서 잠을 청했다. 평소 다락방에서 생활했던 것은 아니고, 혼자만의 시간을 보장받을 수 있는 유일한 공간이 그 작은 다락방이었다. 다음 날이 되면 아무 일 없는 척을 하고, 어머니도 별다른 반응을 보이지 않았다. 드라마나 영화 속에서 아이가 사라졌을 때 걱정스러워 일상생활이 불가능하며 세상이 무너진 것처럼 정신을 놓고 찾아다니는 부모는 현실에 없다. 어쩌면 내게만 없었을지도 모른다. 눈이 펑펑 쏟아지는 어느 날 밤에는 맨발로 집을 나와서 앞

마당에 쭈그려 앉아 몇 시간을 있었다. 눈물마저 얼어 버리는 서러움을 그래서 나는 안다. 결국, 아무도 나를 찾지 않는 현실을 인정하고 아무 일 없이 다시 귀가했지만…….

가족에게서 안정을 얻지 못했으니 곁에 있는 친구들이 더욱 소중해질 수밖에 없었다. 물론 친구들에게 아버지가 수감되었다는 말은 하지 않았다. 아무리 가깝고 소중한 친구일지라도 이 사실을 알면 어떻게 생각할지 모르니 절대 밝힐 수 없었다. 나를 아는 그 누구도 내가 수용자 자녀라는 사실을 알아서는 안 되었다. 친구들은 어머니와의 갈등으로 내가 스트레스를 받고 있다는 것만 알고 있었다. 그때의 나는 심한 애정 결핍이었다. 나 혼자만 나를 이해해 주는 삶은 외로웠다. 지금도 나는 애정 결핍이다. 정도의 차이가 있을 뿐이다. 부모에게서 사랑을 듬뿍 받고 자란 아이는 다르다고 했던가. 내 눈에는 그저 다 똑같이 행복한 가정에서 좋은 부모를 만나 잘 살아온 사람들인데. 내가 다르다는 것은 진작 알았고, 없는 것을 있는 것처럼 보이게 하기 위한 쓸쓸한 속임수만 가득하게 되었다.

## 세상과 함께

### 생존하는 방법

저만큼 절망적인 상황에 처한 사람이 없다고 생각했습니다. 부모님의 이혼이나 단순한 가정불화의 경우는 많다고 해도 아버지가 수감되어 그 이후의 인생이 송두리째 바뀌어 버린 아이가 저 말고 또 없을 것이라고 생각했습니다. 세움에서 친구들을 만나기 전까지는……. 그전까지는 오직 저에게만 주어진 큰 불행이었던 것이, 누구라도 겪게 될 수 있는 일로 느껴지게 되었습니다.

아버지의 행동이 모든 일의 시작이었기에 원망스러웠던 것은 사실이었습니다. 그 일이 없었다면 어머니와 동생 그리고 제가 상처를 가지고 살아갈 일도, 어머니와의 갈등도, 철이 일찍 든 척 감정을 숨길 일도 없었을 것입니다. 솔직한 심정으로, 저는 아버지를 어떻게 대해야 좋을지 잘 모르겠습니다. 어머니는 제가 아버지를 용서한 줄 알고 있을 것입니다. 교도소에 계신 아버지에게 여러 차례 편지를 썼고, 처음으로 아버지를 보러 갔을 때도 호의적이었으며, 최근에도 자발적으로 영상 접견을 했기 때문입니다. 아버지를 미워하는 것이 저를 더 힘들게 할 것 같아 미워하지 않기로 했으나, 아버지로 인해 제가 어둠 속에서 몇 년간 홀로 아파했던 것을 생각하면 완전히 용서할 수 있는 날이 올지는 모르겠습니다. 아버지가 교도소에서 나올 날이 멀었기 때문에 당장은 용서에 대한 마음은 제쳐 두고 있습니다.

수용자 자녀로서 어떻게 부모님을 대해야 할지 많이 혼란스러우리라 생각합니다. 부모님이 수감되었다면 아마 그 이후로 자신의 삶에도 크게 변화가 생겼을 텐데, 이 상황을 자초한 원인 제공자라는 생각으로 부모님을 원망하게 될지도 모릅니다. 아니면 그래도 부모님이라는 사실에 부모님을 원망하는 자신을 자책하게 될 수도 있을 것입니다. 이러한 감정은 당연한 것이며, 같은 상황을 겪은 사람들도 똑같이 거쳐 간 과정이라고 말하고 싶습니다.

아주 솔직하게 생존하는 방법 같은 것은 없습니다. 불행은 마치, 오래 머무르며 익숙해진 것 같다가도 방심하는 순간 다시 저를 삼켜 버리는 어둠과도 같은 것입니다. 언젠간 여기서 벗어날 수 있을 것이라고 되뇌며 빛

01 깰 수 없는 악몽에서 생존하기

을 찾아 앞으로 나아갈 뿐입니다. 어떻게 생존했는지는 저도 알지 못합니다. 다만, 확실한 것 중 하나는, 고등학생 시절의 제게는 대학에 가면 '내가 선택할 수 있는 삶'을 살 수 있겠다는 희망이 있었다는 것입니다. 명확한 목표는 저를 절실하게 만들었고 원동력을 갖게 했습니다.

충격을 받을수록 더욱더 단단해지는 것을 안티프래질(anti-fragile)이라고 합니다. 깨지지 않고 충격과 변화에 강해집니다. 지금의 제가 있기까지 긴 시간이 필요했습니다. 상처를 받을 때마다 저 자신을 지키기 위해 애썼습니다. 더욱 저에게 집중하고 괜찮은 제가 되고자 노력했습니다. 이제 아버지께서 수감되셨다는 것은 제게 있어 가장 커다란 비밀 한 가지 정도가 되었습니다. 그러나 저를 괴롭히는 악몽 같은 것은 아닙니다. 지금 이 자리에서 과거를 회상하며 무사히 살아가는 저 정도면 그 단어를 사용할 자격이 있지 않을까요?

성인이 된 저는 그런 비밀스러운 가정사를 가졌다기에는 꽤나 안정적인 사람인 것 같습니다. 입시를 무사히 마치고, 제가 원하는 대학교의 학과에 진학하였으며, 새로운 사람들을 만나고 그들에 대해 알아가고 있습니다. 대학생이라면 누구나 겪을 만한 평범하면서 소중한 일상을 누리고 있습니다. 정제되지 않은 감정은 버리고, 저를 올바른 선택지로 이끌 이성을 주로 사용하게 되었습니다. 제가 어떤 사람인지 객관적으로 바라볼 수 있고, 주변 사람들을 돌볼 여유도 가지게 되었습니다.

"진흙 속에서도 꽃은 핀다."는 말을 들은 적이 있습니다. 저는 이 말의 산증인으로서, 저와 비슷한 일을 겪었을 친구들 혹은 그런 일을 겪고 있을 친구들에게 성인이 될 때까지 무사히 살아남아 주기를 부탁하고 싶습니다. 어린 나이에 감당하기 어려울 짐들을 짊어지느라 힘들 것입니다. 하루하루가 지옥 같고 숨 막힐 듯 버거운 삶이라도 꼭 살아남아 꽃을 피웠으면 좋겠습니다.

가장 억울했던 것은, 제가 겪는 대부분의 일이 다른 사람의 책임이었다는 사실이었습니다. 제가 무엇을 잘못했기에 이렇게 힘들어야 하는지 이해할 수 없었습니다. 성인이 되고, 제가 삶을 직접 선택할 수 있고, 그 선택을 책임지는 것이 가능하다는 것을 알게 되었습니다. 부모와 자신을 분리해 스스로를 독립적인 주체로 여기게 될 때, 수용자 자녀라는 꼬리표는 사라지고 '나'라는 온전한 인격체 하나가 남습니다. 우리는 남들보다 조금 더 자신의 성장에 집중해야 합니다. 수용자 자녀라는 것은 자신이 바꿀 수 없는 하나의 사실입니다. 그 사실 하나가 인생의 방향을 결정하는 일이 없도록 자신의 의지와 노력으로 바꿀 수 있는 것을 찾고 이를 실행했으면 합니다.

저는 악착같이 견뎌 내 독립했고, 가끔 행복하다고 말할 수 있는 삶을 살고 있습니다. 얼마든지 흔들려도 좋습니다. 흔들리지 않고 피는 꽃이 어디 있겠습니까. 누구에게나 바람은 불고 비는 내리듯이 우리가 겪고 있는 일도 잠시 지나갈 바람이 될 것입니다. 그러니까 얼마든지 아파하고 강해지세요. 지금껏 버텨 온 자신을 자랑스러워하며 아껴 주세요. 그리하여 반드시 살아남아 그 순간의 자신을 돌아보며, 수고했다고 말 한마디 건넬 수 있는 어른이 되기를 바랍니다.

### 세상에 전하는 말

저는 다른 수용자 자녀들보다 타인으로부터 상처를 받지 않은 경우라고 생각했습니다. 스스로 수용자 자녀라는 사실을 숨겼고, 결핍 없는 가정에서 자라고 있다고 여겨질 수 있도록 겉을 꾸미며 살아왔기 때문입니다. 이따금 주변에 있던 이들은 제가 수용자 자녀라는 사실을 알게 되면 어떻게 반응할지 떠올려 보고는 합니다. '나에 대한 소문이 돌고, 이 소문을 들은 이들은 달라진 시선으로 나를 지켜보겠지?' 그 시선이 혐오이든 공포이든 동정이든 우리에게는 같은 압박으로 다가오게 될 것입니다. 저를 탐탁지 않게 여기던 이들은 제 상처를 무기로 사용해 악용할지도 모르겠다는 생각이 들 때마다 더더욱 철저히 그 약점을 감추었습니다.

아마 주변에서 수용자 자녀를 본 경험이 전혀 혹은 거의 없을 것입니다. 저와 같은 까닭으로 당신을 비롯한 사람들에게 그 사실을 굳이 밝히지 않았을 수용자 자녀가 주변에 있을 수 있습니다. 그러니 다음과 같이 덧붙입니다.

각자의 삶이 아무리 팍팍할지라도 종종 타인의 삶의 한 단면만 보았을 때는 아름다워 보입니다. 모두 겉으로는 보이지 않는 개인사를 가지고 있습니다. 수용자 자녀라는 사실도 수많은 개인사 중 하나에 속합니다. 특별히 큰 불행이라거나 한 사람의 정체성을 결정하는 절대적인 지표가 아니라는 것입니다. 다양한 형태의 가정이 있다는 것을 항상 염두에 두고, 자신과 다른 형태의 가정을 보더라도 그냥 그럴 수 있다는 것을 인정해 주세요.

몇 년 전, 저는 하루아침에 가해자의 자녀가 된 한 초등학생이었습니다. 지금 저는 과제와 시험이 지겹다고 투덜대는 평범한 대학생이며, 맛집이라고 소문난 곳에 친구들과 함께 가는 것을 취미로 하고, 머스크 향과 해가 지는 풍경을 보는 것을 좋아하는 한 사람입니다. 건강한 신체와 정신으로 이 자리에 생존해 있음에 다시 한번 놀라고 감사합니다.

## 02

# 꿈을 키우며
# 살아가기

다피

## 평범한 삶에서

2011년, 내가 초등학교 5학년 때 아버지께서 수감되셨다. 그
때는 그것이 무엇을 의미하는지 몰랐다. 학교에서 수업을 마치
고 집에 돌아와 혼자 게임을 하고 있는데, 집배원 아저씨가 찾
아오셨다. 나보고 김○○ 님 집이 맞는지, 그의 아들인지 물어
보셨고, 맞다고 하니 내게 편지를 한 통 주셨다. 편지 상단에
'○○구치소'라고 적혀 있었다.

나는 구치소라는 말을 잘 몰라서 인터넷에서 검색해 보았다.
인터넷에는 죄수복과 영화에서 자주 봤던 철창이 나왔다. 그때
부터 뭔가 이상하다고 생각했다. 예전에 어머니는 나보고 아버

지가 해외로 출장을 가셨다고 했다. 나는 그걸 믿었다. 하지만 그것은 거짓말이었다.

어머니께서 돌아오시자마자 달려가서 "편지 왔어. 구치소를 찾아보니까 철창이 나오고 사람들이 숫자가 새겨진 옷을 입던데, 그거 감옥 아니야?"라고 말했다. 어머니는 제정신에 말할 수 없었는지 말을 아끼셨다. 그러고는 삼촌 집에 가서 삼촌과 진지한 표정으로 술을 마셨다. 어느 정도 취기가 올라왔을 때 어머니는 나한테 "아빠는 교도소에 가셨다. 아빠가 너한테는 거짓말하라고 했는데 들켜 버렸구나."라고 하셨다.

나한테 아버지가 없는 생일이 시작되었다. 초등학교 때 왕따를 당해서 친구가 없어 항상 가족이랑 생일 축하 파티를 했었다. 처음에는 아버지가 없어도 괜찮았다. 하지만 나이를 먹을수록 아버지가 없는 생일 파티가 싫어졌다.

중학교 1학년이 되었다. 하지만 중학교 생활마저 순탄치 않았다. 우리 가족과도 친한 가족의 아이로부터 왕따를 당했다. 그 아이는 나를 왕따시켰던 무리랑 한패가 되었다. 왕따를 시켰던 친구의 말이 아직도 생각난다. "나는 쟤 누나랑 우리 누나랑 친구라 뭐라고 못하겠네? 어떻게 괴롭히지?"라고 했었다. 그나마 친구라고 생각하였던 아이한테 배신을 당해서 기분이 상당히 좋지 않았기 때문에 그 말이 지금까지 기억난다. 왕따를 당했던 학생 시절 동안 너무나도 나쁜 일이 많았다.

엎친 데 덮친 격으로 어머니는 저혈당으로 인해 거의 식물인

　　　　　　　　　　02 꿈을 키우며 살아가기

간처럼 의식은 있지만 움직이지도, 말하지도, 먹지도 못하셨다. 항상 코에 의료기구인 줄과 주사를 연결하여 베지밀 같은 음료로 만든 음식물을 주입해 식사를 하셨고, 기저귀와 의료침대까지 이용했다. 심지어 가래가 많아 석션기까지 구매해서 사용했다. 처음에는 병원에 갔지만 비용이 너무 비쌌다. 한 번 입원하면 최소 400~600만 원이 들었다. 아버지가 교도소에 간 이후 돈이 없어서 어머니는 자식의 통장, 땅, 건물, 자동차, 주식, 보험 등 모든 것을 다 팔았고, 안 팔리면 급매까지 하면서 살아가려고 노력했다. 하지만 살 수가 없었다. 그렇게 모든 걸 털어 냈지만 정작 중요한 것을 잃었다.

어머니는 일 년에 2~4번 입원하며 특수 약품까지 구매해야 했다. 이 약품은 해외에서 수입하는 약품이고, 국내에서는 특진 교수가 담당했다(현재 특진 교수가 사라졌다고 들었지만 과거에 있었다). 그 약품은 한 팩당 100만 원이었고, 한 팩에 3개씩 들어 있었다. 누군가한테는 싸게 느껴질 수도 있지만 우리 형편에는 너무나도 비쌌다. 어머니는 그 약품을 먹지 못하면 죽는다고 할 정도였다. 그래서 우리는 기필코 어머니를 살리겠다는 마음으로 100만 원이라는 돈을 꾸준히 썼다.

나에게도 가족에게도 안 좋은 일이 계속 생기고 학교생활까지 제대로 하지 못하면서 인생이 망했다고 느껴지기 시작했다. 악순환의 반복이었다.

## 만남과 이별 그리고 자살충동

악순환만 반복되던 어느 날 '세움'을 만났다. 처음에는 세움이 무엇인지도 몰랐고 무엇을 하는 사람들인지도 몰랐는데, 그곳에서 우리 가족의 손을 잡아 주었다. 나는 그곳에서 왜 우리를 도와주려고 하는지 몰랐기 때문에 수만 가지 생각이 들었다. 세움에서 진행하는 활동에 참여하면서 그곳이 우리 가족을 얼마나 사랑하고 도와주고 또 다른 즐거움과 행복을 주고 있다는 걸 알게 되는 순간 나는 마음의 문을 열기 시작했다.

세움을 통해 나 또한 바뀌기 시작했다. 집에만 있던 내가 세움에서 하는 활동에 참여하고 그 활동을 하는 날이 기대되었고, 말이 많아지고, 자연스럽게 집보다 밖을 더 좋아하게 되었다. 그렇게 시간이 흘렀다.

그러다 내가 중학교 3학년이 되고 우울증, 적응장애, 해리장애를 발견하였다. 학교에서 우울증 간이 검사를 했고, 뜻하지 않게 나한테 우울증 기미가 보인다고 했다. 그래서 대학병원 정신과 상담을 받았고 최종적으로 우울증과 적응장애가 발견된 것이다. 며칠 후 심리상담을 하는 날에 질병 하나가 더 추가되었다. 해리장애였다.

기억하지 못하지만 주변 사람들은 종종 내가 무엇인가를 했다고 한다. 나는 정말 아무것도 기억을 못한다. 오전 6시에 일

어나서 씻고 8시쯤 학교에 가려고 하면 몸이 이상해진다. 갑자기 졸리고 기억이 희미해지기 시작한다. 그러고 나면 불과 1~4분 만에 기억이 사라진다. 자고 일어나면 다음 날이었다. 가족은 나한테 어제 바닥에 소변을 보고, 종이를 찢고, 벽을 때리고, 자해를 하고, 난리도 아니었다고 말했지만, 나는 그런 기억이 없었다. 그래서 이런 일로 가족과 많이 싸웠다. 결국 가족은 한 번 더 병원에 가자고 했고, 심리상담을 하는 날이었다.

심리상담사는 내 상태가 안 좋은 것을 바로 알아봤다. 심리상담만 총 5~6시간 정도 걸렸다. 내가 말을 안 하고 계속 잠을 잤기 때문에 오래 걸렸다. 하지만 절대 자려고 잔 것은 아니었다. 정말 기억이 없고 아무것도 생각나는 게 없었다. 심리상담 후 병원에서 나온 기억도 없었다. 가족은 내가 난리를 쳐서 민폐를 끼쳤다고, 어떻게 여기에 또 오겠느냐고 말했고, 나는 거기에 대해 미안함을 표현해야 했다. 하지만 가족은 그것이 해리장애 때문인지 몰랐다. 나는 일주일에 4번 정도 해리장애가 왔고 연달아 온 적도 있었다. 월요일 아침에 일어나면 점심 때쯤 기억이 사라지고 자고 다시 일어나면 화요일 아침 그리고 다시 점심때쯤 기억이 사라지는 일들이 무한 반복되었다.

너무나도 힘들었다. 삶 자체가 싫었다. 죽어 버리고 싶었다. 약을 먹으면서 치료를 진행했지만 좀처럼 나아지지는 않았다. 계속 죽음을 생각했다. 머릿속에서 죽고 싶다고 매일 외쳤다. 밤만 되면 천장에서 환영이 보였다. 그 환영은 피눈물이었다.

상처가 더 깊어지기 시작했고, 그렇게 나는 아픈 와중에도 중학교를 졸업했다.

머릿속에서 죽음을 외치고 왕따를 당했던 내가 고등학교에서 어떻게 지낼지 고민이 되었다. 이번에는 왕따를 당하기 싫어서 일부러 조용히 지내기로 했다. 처음에는 느낌이 좋았다. 이 상태라면 왕따를 당하지 않고 고등학교를 졸업할 수 있을 것 같았다. 내가 입학한 고등학교는 집에서 왕복 32km 이상 떨어진 곳이었다. 명절이 다가오면 도로는 막혀서 편도로만 3시간 이상 걸리기도 했다. 눈이 많이 오면 그냥 버스에서 내려 걸어간 적도 있었다. 걸어서 1시간 정도 걸렸다. 성적도 성적이지만 같은 동네에 사는 친구를 만나기 싫어서 일부러 먼 학교를 선택하였다.

2016년 12월 말에 어머니께서 돌아가셨다. 열일곱 살에 상주가 되었다. 아버지가 없는 장례식장에서 3일간 장례를 치렀다. 아버지는 교도소에서 나오지 못하셨다. 이유는 지금도 모른다. 아버지는 첫째 날에 30분 동안 전화 통화만 해 준 것 말고는 내게 해 준 것이 없었다. 2017년이 되는 해에 입관하시는 어머니의 모습은 결코 말로 할 수가 없었다. 눈을 뜨시고 가셨다. 장례지도사분이 어머니의 눈을 감기고 싶었지만 절대 감지를 않으셨다고 하며, 아마 어머니가 세상에서 하고 싶은 말과 보고 싶은 게 많아 그런 것 같다고 했다.

고등학교에서 조용하게 지내다 보니 친구가 생겼다. 6명의 친구들과 운동도 하고, 밥도 먹고, 대화도 하였다. 그나마 2학년 때가 가장 순탄하게 잘 지낸 한 해였다. 이때 아버지의 교도소도 변경되었다. 그동안 전국 곳곳의 교도소로 이동하면서 최종적으로 개방교도소로 이감되셨다. 그곳은 사회로 나갈 준비를 하는 곳으로 교도소 이름부터 마음에 들었고, 느낌이 좋았다.

3학년이 되고 대학 입시를 준비했다. 예전에는 대학 따위에 관심이 없었고 어떻게 하면 돈을 더 많이 벌 수 있을지에만 관심이 있었다. 그런데 돈만 바라보던 내게 꿈이 생겼다. 그것은 가상 세계에 무엇인가 만드는 일을 하는 사람, 바로 '3D 디지털 디자이너'이다. 이 직업의 정확한 명칭은 아니다. 때로는 3D 디자이너, 디지털 디자이너로 계속 바뀐다. 하지만 3D라는 단어는 변함이 없기 때문에 나는 이 명칭을 사용하기로 했다. 나는 그 꿈을 좇아 대학교에 입학했다. 그리고 아버지도 출소하셨다.


## 나의 20대 시작

20대가 시작되었다. 대학교를 가는 순간 모든 게 바뀌었다. 더 커진 학교, 많은 건물, 이것이 바로 내가 꿈꾸던 학교생활이었다. 고등학생 때는 대학생이 되면 좀 더 여유롭게 학교를 다

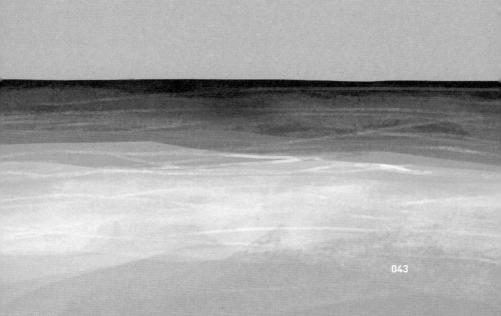

닐 수 있을 줄 알았는데, 실제 대학 생활은 그렇지 않았다. 수많은 과제에 치이고 교수님들의 잔소리 등 대학 생활이 힘들어지기 시작했다.

2학년이 되고 코로나19가 시작되었다. 평일 오전 9시부터 오후 9시까지 집에서 온라인 영상을 보고 과제를 했다. 온라인 수업을 하다 보니 과제가 많아졌다. 하루 종일 과제만 하며 지냈고, 좋아했던 사진 촬영마저 잊어버리게 되었다.

어느 날 학교에서 친하게 지냈던 선배로부터 외주 요청이 왔다. 선배가 다니는 회사의 개발부서는 중국에서 진행해 오던 3D와 금형을 코로나19로 인해 중국을 못 가게 되면서 국내에서 3D를 해 줄 사람을 찾고 있다는 것이었다. 그것이 나한테 온 기회이며, 3D 디자이너가 되는 하나의 시작이라고 느꼈다. 외주를 하면서 2020년을 마무리했다.

3학년 1학기 동안 등교하면서 외주까지 열심히 했다. 외주를 주었던 회사에 현장실습을 부탁드렸는데, 사장님이 아주 흔쾌히 허락해 주셨고, 실습비도 많이 주셨다. 그리고 2학기 개강이 다가올 때 좋은 기회가 생겨 계약직으로 조기 취업을 했다. 여러 가지 제품과 쇼핑몰 등을 관리하면서 충실하게 근무를 했다. 실제로 내가 만든 제품이 양산되고 판매되었다. 제품의 후기를 보면서 뿌듯하고 샘플 금형 이미지를 볼 때마다 행복했다.

2022년 1월, 나는 또다시 어김없이 회사에 출근하고 직원들과 대화를 나누고 직장 경험을 통해 한 발짝 더 다가가는 삶이 시작되었다. 그리고 더 큰 미래로 가기로 했다. 클라이언트 또는 소비자가 원하는 디자인과 가격, 가성비 위주의 제품을 개발하는 3D 디자이너가 되어 더 넓은 해외로 진출하고자 하는 꿈이 생겼다. 해외 진출에 실패해도 다시 도전하고 또 도전할 것이다.

## 세상과 함께

### 현재를 마주하기

과거에도 현재에도 저는 아픔을 갖고 있습니다. 과거에는 부모님의 부재 그리고 사망, 현재에는 회사 생활의 힘듦입니다.

과거에는 죽고 싶다는 생각을 가장 많이 했습니다. 자해도 해 봤고, 9층에서 뛰어내리려고 했던 적도 있었으며, 차에 치여 보려고도 했습니다. 자살만이 제가 편하게 지낼 수 있는 유일한 수단이라고 생각했습니다. 그러나 지금은 죽음보다 다른 방법을 찾고 있습니다. 회사 생활을 하면서 자연스럽게 회사 문화에 스며들기 시작했고, 한 번도 해 보지 않은 취미 생활을 직원들과 상사들 그리고 사장님과 공유하게 되었습니다.

과거는 과거일 뿐입니다. 이제 저는 현재를 바라보고 그것과 마주하려고 합니다. 비록 안 좋은 일도 있지만 도망치지 않으려고 합니다. 도망친다고 해서 결코 바뀌지 않는다는 것을 뼈저리게 느꼈기 때문입니다.

현재를 마주한다면 여러분의 일상도 조금 지나면 과거로 바뀔 것입니다. 지금은 비록 힘들고 괴로울 수 있습니다. 하지만 그런 과정이 있으면 여러분은 좀 더 단단한 마음이 생길 것이고, 어려운 시기가 오더라도 이겨낼 수 있을 것입니다.

## 약자에게 도움을 줄 수 있는 강자

여러분은 제가 어떻게 살아왔는지 잘 모를 것입니다. 왕따를 당하고, 얼마나 힘들고 외롭고 슬펐는지……. 돈 많은 사람의 권력, 누구는 되고 누구는 안 되고, 아무도 저에게 도움을 주지 않는다고 생각했던 시기가 있었습니다. '누가 이런 사회를 만들었을까?' '나는 현실을 말한 것뿐이다.' '이게 현실이다.'

권력만 있으면 죄 없는 사람에게 죄를 만들 수 있습니다. 권력 있는 기업이 허위 사실로 아버지를 또 한 번 교도소에 넣으려고 했습니다. 결국에는 재판에서 기업이 졌지만 저는 권력이 얼마나 쓰레기인지 이번 기회에 잘 보았습니다. 그들이 저지른 일을 아버지한테 누명을 씌우려는 행동을 잘 보았습니다. 저는 사회가 싫습니다. 약자한테 강하고 강자한테는 한없이 약한 사회가…….

하지만 약자한테 한없이 다가오는 자도 있음을 알았습니다. 그것은 세움이었고, 세움은 사람 대 사람으로 마주하면서 이야기를 해 주었습니다. 어느 누구도 우리 가족에 대해 깊게 생각해 주지 않았습니다. 세움은 저를 깊게 생각하고 도움을 주었으며, 이 사회의 소수 약자한테 필요한 단체라는 걸 많이 느꼈습니다. 세움 덕분에 사회가 조금씩 바뀌고 있다는 것이 보입니다. 그래서 저는 세움 덕분에 또 다른 꿈을 이루어 보려고 합니다. 누구도 무시당하지 않고 모두가 행복한 사회를 만들 수 있는 꿈을 이루어 보겠습니다. 저는 꿈을 이루기 위해 앞뒤 사정 가리지 않겠습니다. 사고도 있었고, 위험한 상황이 있었지만 그건 모두 과거에 당했던 아픔의 1%에도 못 미치는 사고였기 때문에 더더욱 과감하게 나아가려고 합니다.

여러분도 세움의 아이들뿐만 아니라 모든 아이가 멋지고 약자한테 도움을 줄 수 있는 강자가 될 수 있는 사회를 만들어 주시기를 부탁드립니다.

# 여우비

망고

## 컬러에서 흑백

어렸을 때 아버지라는 존재가 나에게 생각보다 크지 않았다. 많으면 한 달에 두 번, 적으면 두 달에 한 번 만날 수 있어서 아버지와 같이 있는 게 더 어색했다. 그래도 아버지가 좋았는지 아버지께서 오시기 전 날 전화로 "아빠, 꼭 내 옆에 와서 자."라는 말을 했다. 아버지도 우리와 함께하고 싶었지만 가족의 행복을 위해서 어쩔 수 없이 희생하는 것이라고 어린 나는 생각했다. 그렇게 생각해야 같이 있어 주지 않는 아버지를 미워하지 않을 수 있었다. 그래도 어머니의 관심으로 부족함 없이 자랐기에 어린 시절 아버지와 함께하지 못한 외로움을 위로받는다.

초등학교 5학년 열두 살, 신도시로 이사를 간다는 말을 들었다. 네 살 때부터 조부모님과 8년을 함께 살다가 아버지와 어머니, 나 그리고 남동생만 산다는 소식에 행복했다. 더운 여름 날 이사를 하고 식탁에 다 함께 앉아 짜장면을 먹었다. 그때 난생처음으로 가족과 함께하는 시간이 행복하다는 걸 느꼈다.

그러나 행복은 잠시였고, 곧 어둠이 다가왔다. 그날은 왠지 모르게 아침부터 기분이 좋았다. 그동안 모아 둔 큰 돼지 저금통을 다 같이 자르고 오후에는 친구와 약속이 있었다. 친구와 놀고 있는데, 아버지와 어머니가 함께 밥을 먹자며 나와 친구가 놀고 있는 곳까지 직접 오셨다. 카페에 있을 때 한 통의 전화가 울렸고, 그 전화로 인해 한순간 공기는 차갑게 얼어붙었다. 전화를 받는 아버지의 얼굴이 급격히 굳어지면서 분위기는 냉랭해졌다. 이후 일정이 취소되고 우리는 급하게 집으로 발길을 돌렸다. 아버지는 새벽까지 집으로 돌아오지 못하는 날이 잦아졌고, 몇 시간 동안 언성 높여 전화 통화를 하셨다.

우리 가족의 일상은 컬러에서 흑백으로 바뀌었다. 지금 생각해 보면 아버지는 우리 앞에서 티를 안 내고 밝은 모습만 보여 주려고 했었다. 가장의 무게는 얼마나 힘들었을지, 그때 아버지를 위로해 주지 못해서 내 마음이 너무 아프다. 내가 도움이 될 수 있는 방법이 있을지 수없이 고민하고 또 고민했다. 그리고 내가 도움이 될 수 있는 것은 '착하게 살아야지, 부모님 말씀을 잘 들어야지, 공부를 잘하지는 못하더라도 열심히 해야지,

거짓말 안 해야지.'를 실천하는 것이라고 생각했다.

## 별 하나 없는 암흑 같은 날

두 번의 사계절이 지나 기다린 우리가 마주한 것은 아버지와의 헤어짐이었다. 아버지의 죄목은 경제사범이었다. 아버지는 몰래 돈을 돌려 막기 하고, 돈이 크게 비는 바람에 그것을 혼자 해결하다가 결국에는 사기로 신고가 들어왔고, 삼촌은 아버지와 공범이라 주장해 피해자가 아버지를 고소했다. 우리 가족과 정말 친하게 지내고 내가 좋아했던 삼촌이었는데, 우리 가족을 한순간에 불행하게 만들었다. 나는 삼촌이 사 주셨던 원숭이 인형을 버렸을 때 정말 마음이 아팠다. 웃으면서 받았던 인형이 버려지는 순간 말로 표현할 수 없을 만큼 슬픔이 다가왔다. 나보다 아버지가 아꼈던 동생으로 인해 일어난 일들이 얼마나 괴로웠을지, 얼마나 많은 눈물을 흘렸을지 감히 상상도 할 수 없었다. 아버지는 내게 사람을 믿는 게 너무 무섭고 겁이 난다고 말씀하셨다.

받아들일 수 없는 현실과 사람 온기 하나 없는 어두운 우리 집 거실의 기억이 선명하게 남아 있다. 많은 지인이 찾아와 "괜찮다." "아빠는 금방 나올 거야." 하고 위로해 주었지만 사실 하나도 괜찮지 않았다. 어른들끼리 대화를 나누고 있어 혼자 방에 들어와 엉겁결에 아버지의 휴대전화를 보고 정말 많은 눈물이 쏟아져 나왔다. 아버지가 한참 어린 동생들에게 도와달라고 하고, 또 무시당하고, 쩔쩔매는 내용에 참아 왔던 눈물이 한꺼번에 흘러내렸다. 그동안 우리에게 애써 숨기고 밝은 모습을 보이던 아버지가 뒤에서는 그렇지 않았다는 것을 깨닫게 된 순간 마음은 더없이 힘들고 아팠다.

2017년 6월 30일은 아버지의 마지막 재판을 하는 날이었다. 그날 아침에는 아버지랑 매일 하던 뽀뽀도 안 하고 대충 안고만 나왔다. 이렇게 아버지와 이별할 줄 알았다면 아침에 더 꽉 안아 주고, 뽀뽀도 해 주고, 같이 아침밥도 먹을 걸 너무 후회가 되었다. 이때는 정말 희망이라고는 하나도 안 보이고 막막했다. 별 하나 없는 암흑 같은 날이었다.

## 노력

다음날 두 눈이 퉁퉁 부은 채 한 친구와 만나 이야기했다. 그 친구는 카페에서 내 얘기를 다 들어주고 같이 울어 주며 나를 위로해 주었다. 함께 울어 주고 공감해 주는 것만으로도 큰 위로를 받았고, 마음이 따뜻해졌다. 초등학교 시절부터 지금까지 나에게 이 친구가 없는 날은 생각할 수가 없다. 그만큼 그 친구는 내게 항상 고맙고 소중한 존재다.

아버지와의 첫 접견은 눈물바다였다. 죄수복을 입은 아버지의 모습을 보니 참았던 눈물이 쏟아지고 10분 동안 한마디도 못하고 나왔다. 다음에 접견할 때는 울지 말아야지 다짐하고 또 다짐했다. 어머니가 적어 준 내용을 전달하고, 일상적인 대화를 나누는 짧은 시간 동안 허벅지를 꼬집으면서 눈물을 삼켰다. 어머니는 평일 내내 서울구치소로 출석 도장을 찍고, 나와 동생은 주말마다 아버지를 보러 갔다. 이렇게라도 아버지를 볼 수 있음에 감사했다.

어머니는 눈이 오나 비가 오나 매일 같이 그곳에 갔다. 교도관이 이런 분은 정말 처음 본다고 할 정도로 대단한 우리 어머니였다. 어머니는 아무것도 몰랐던 사건의 내용을 혼자서 알아가고 아버지의 말을 변호사에게 전달하고 아버지의 억울함을 풀어 주기 위해 발로 뛰면서 노력했고, 아버지는 끝까지 무죄를 주장하며 재심을 이어 나갔다. 그러나 드라마 같은 일은 텔레비전에서나 일어났다. 결과를 뒤집을 거라고 기대했지만 물거품이 되었다. 우리 가족에게 도움의 손길은 하나도 없었고, 우리 집과 조부모님이 사시는 집이 민사 소송까지 당하는 가혹한 현실이 우리를 더 무너트렸다.

괴롭고 힘든 시간의 연속이었지만 어쩔 수 없이 현실로 돌아와야 했다. 나는 학교를 가고 친구들과 아무렇지 않게 지내기 위해 노력했다. 나는 어머니를 지켜보는 게 힘들었다. 밥도 먹지 않고, 아무것도 모르는 사건의 재심을 힘들게 준비하는 어머니의 모습에 도움이 될 수 없던 나 자신이 밉고 속상했다. 내가 어머니를 위해서 할 수 있는 건 무엇일지 고민했다. 내가 찾은 해답은 학생의 신분으로 최선을 다하는 삶을 사는 것이라고 다짐했다. 곧 중학교 졸업을 앞두고 내가 하고 싶던 것보다 어머니가 원하는 진로를 선택했고, 집 앞의 일반고에 입학했다.

6월 30일 선고 이후 아버지는 계속해서 재심을 이어 나갔다. 그렇게 2년이라는 시간이 흘렀지만 결과는 같았고 바뀐 건 고등학교 2학년이 된 나와 우리 가족이었다.


## 터닝포인트

구치소를 다니다가 우연히 고등학교 후배를 봤다. 나도 모르게 얼굴을 피했고 숨어 버렸다. 떳떳할 줄 알았는데 그렇지 못하였다. 그때는 아는 사람을 마주친다는 것과 내 상황을 다른 사람이 안다는 것이 무서웠다. 예전에는 다른 주변 사람들이 내 사실을 알고 이상하게 생각할까 봐 두려웠다. 하지만 내 상황을 알고 있던 친구들이 나를 똑같이 대하고, 이상한 소문이 난다거나 하지 않았으며, 시간이 흘러도 어떤 일도 생기지 않았다. 친구들은 불쌍한 시선으로 나를 보지 않았고 더 잘 챙겨 주었다. 또한 나를 있는 그대로 아껴 주고 보듬어 주었다. 친구들에게 너무 고맙고, 그들은 나에게 소중한 인연이다.

시간이 흐르고 나는 아버지의 빈자리를 서서히 적응하기 시작했다. 친구들과 신나게 놀거나, 어머니, 동생과 함께 맛있는 밥도 먹으러 다녔다. 문득 아버지가 같이 있지 않다는 것을 잊어버릴 때도 있었다. 나도 아버지의 빈자리가 익숙해졌고, 어머니도 서서히 익숙해져 가면서, 우리의 삶을 살아가기 시작했다. 우리의 익숙함이 아버지에게는 서운함이겠지만 연말이나 크리스마스, 생신 때 손 편지와 인터넷 서신을 종종 썼다. 가족 접견, 장소 변경 접견 등 아버지를 만날 수 있다면 가족이 모두 참여했다. 심지어 외할머니께서는 음식을 만들어서 아버지를 만나러 가기도 했다. 외할머니는 쉽지 않으셨겠지만 사위의 기를 살려 주시겠다고 손수 음식을 다 만드셨다. 이러한 우리 가족의 분위기가 나를 많이 배우게 하고 성장할 수 있게 만들어 준 것 같다. 외할아버지, 외할머니는 나에게 아버지가 나쁜 일을 해서 구치소에 들어간 게 절대 아니고, 다 가족을 행복하게 살게 해 주기 위함이고, 이런 일도 있고, 그럴 수 있다고 매번 말씀하신다. 또 기죽지 말고 갖고 싶은 것이 있으면 할머니한테 얘기하라고 말씀하셨다. 이렇게 나에게 많은 용기를 주시고 사랑으로 아껴 주셨다. 그런 외할머니의 따뜻한 관심과 사랑이 지금의 긍정적이고 밝은 나를 만들었다.

인생에서 중요한 순간 중 하나인 대학교 입시가 코앞으로 다가왔다. 고등학교 1학년 때 진로를 항공 승무원으로 정하고, 항공 동아리에 들어가 준비를 시작했다. 학교 성적도 올리고 학

원을 다니면서 꿈을 향해 정말 열심히 준비했다.

2020년에는 정말 바쁘게 열심히 살았다. 많은 면접을 보고 나니 10월, 11월은 눈 깜짝할 사이에 지나갔다. 추운 겨울이 오고 대학 결과가 하나둘씩 나왔다. 가고 싶었던 곳, 합격할 줄 알았던 대학교에서 불합격이라는 결과를 받으니 많이 슬프고 힘들었다. 자존감은 바닥을 치고 자신감이 사라졌다. 무슨 학교를 가야 할지도 모르겠고, 지금까지 열심히 뒷받침해 준 어머니에게 너무 미안했다. 어머니는 나에게 괜찮다고, 우리 딸이 더 소중하다고, 대학 못 가도 된다고 하면서 나를 꼭 안아 주셨다. 며칠 후 크리스마스 선물인 듯 예상치 못한 대학교에서 합격 결과를 받았고 안도와 기쁨에 많은 눈물을 흘렸다. 아버지에게 소식을 알려 주니 웃으시며 좋아하는 모습에 내가 힘들었던 시간을 보상받은 기분이었다.

예기치 못한 코로나19로 밤새 술 마시기, 클럽 가기, 여행 가기, 밤 10시 이후 놀기 등 성인이 되면 하고 싶었던 다양한 것을 하지는 못했지만 나의 스무 살은 그래도 좋았다. 이제 어머니를 더 챙길 수 있는 나이가 되었고, 가족을 위해서 무언가를 할 수 있는 사람이 된 것 같아 행복했다. 또한 아버지를 통해 알게 된 세움에서 등록금, 나에게 필요한 물품, 소소한 선물 등 도움도 많이 받았다. 가장 큰 도움은 자문단을 하면서 나와 같은 경험을 가진 언니, 오빠, 친구들을 만나 서로 이야기하면서 위로를 주고받고 또 다른 좋은 추억을 만들 수 있었다는 것이다. 성인이 되면 해 보고 싶었던 친구랑 여행 가기, 가족 여행 가기, 토익 시험 준비하기, 연애하기, 다이어리 꾸준히 쓰기 등 나의 버킷 리스트를 하나둘씩 채워 나가고 있지만 하루빨리 아버지와 함께하는 추억도 쌓고 싶다.

그렇게 짧으면 짧고 길다면 긴 4년이라는 시간이 흘렀다. 나에게 4년은 가족의 소중함, 가장의 역할, 내가 성장할 수 있는 발판, 아픔을 딛고 일어날 수 있는 방법과 같은 많은 의미와 교훈, 성취 등 다양한 것을 느끼고 배울 수 있었다. 아버지를 만난다면 꼭 안아 주면서 보고 싶었고 고생 많으셨고 수고하셨다고 말해 줄 것이다. 나는 새해에 아버지를 빨리 만나게 해 달라고 소원을 빌었다. 일출을 보면서 '난 더 성장했고 2022년 우리 가족은 이제 시작이고 앞으로 행복할 거야.' 하고 속삭였다.

## 세상과 함께

### 우리가 고통받을 의무는 없다

처음에는 수용자 자녀라는 사실을 주변 사람들이 알고 저를 이상하게 생각할까 봐 너무 무섭고 두려웠어요. 그리고 왕따를 당하면 어떻게 하지, 이상한 소문이 나서 주위에서 저를 싫어하고 불쌍하다고 생각하면 어쩌지 하는 부정적인 생각들만 가득했어요. 하지만 친구들의 반응은 저의 걱정과는 달랐고, 친구들에게 얘기했을 때 저보다 더 울면서 제 말에 공감해 주고 슬퍼했어요. 그래서 저는 그런 모습에 정말 많은 위로를 받았고, 힘을 낼 수 있었습니다. 말로만 하는 성의 없는 공감이 아닌, 같이 울어 주고 토닥여 주는 위로는 진정으로 힘을 낼 수 있게 만듭니다. 그렇게 저는 용기를 얻었어요. 저를 믿고 있는 사람에게 모든 이야기를 털어놓는 것도 자신에게 정말 큰 힘이 될 수 있고, 삶의 원동력이 될 수 있다고 생각해요.

중·고등학교 시절에는 민감할 수 있지만 성인이 되고 자신의 이야기를 할 수 있는 용기를 가져보는 것도 좋다고 생각해요. 주변 사람들이 알게 되거나 이야기를 듣고 여러분을 나쁘게 생각하는 건 정말 어른답지 못한 행동이고 수용자의 자녀일 뿐 잘못한 게 없다고 말해 주고 싶어요. "힘내! 잘 될 거야!"라는 위로도 좋지만 자신의 이야기를 끝까지 들어주고 같이 울어줄 수 있는 사람이 옆에 있다면 큰 힘이 될 거예요. 그 사람이 부모님이든, 친구든, 연인이든 괜찮아요. 그런 사람이 없다면 앞으로 찾으면 되고, 제가 여러분의 뒤에서 지켜 주고 응원할 것입니다. 여러분을 도와줄 수 있는 사람들은 많아요. 혼자라고 생각하지 말고 여러분을 힘들게 하는 나쁜 생각들도 안 했으면 좋겠어요. 어른들이 한 순간의 실수로 우리가 고통받을 의무는 없어요. 또한 저는 부모님을 더 생각하면서 살았지만 여러분은 좋아하는 것이 무엇인지, 잘하는 것이 무엇인지 충분히 생각하고 그것을 찾으면서 자신을 1순위로 두고 살아갔으면 좋겠어요.

저는 부모님이 원하는 것을 선택했지만 저의 선택에 있어 후회하지는 않아요. 제가 정한 진로는 재미있고 잘 맞는 거 같아요. 지나온 시간을 뒤돌아봤을 때 후회하지 않는 삶을 살아가길 바랄게요. 그리고 제가 아직 많이 살아보지는 않았지만 세상에는 재미있는 게 너무 많은 것 같아요. 웃기고, 슬프고, 화도 나고, 때로는 놀랍고 다양한 감정을 마주할 수 있는 일들이 굉장히 많아요. 어떻게 흘러갈지 모르는 파노라마 같은 인생 속에서 위축되어 있고, 자꾸만 뒤로 숨으면서 흘려보내는 시간은 너무나도 안타까워요.

여러분은 한 가족의 아들이자 딸인 평범한 부모님의 자녀일 뿐이라는 걸 잊지 않았으면 좋겠어요. 그리고 수용자 자녀는 그냥 사회가 정한 단어일 뿐 부정적인 단어라는 프레임을 씌어 어둡게 만들지 말고, 어둠 속에도 빛나는 별과 달 같은 존재라는 것을 잊지 않았으면 좋겠어요. 당당하고 멋지게 여러분의 삶을 살고, 움츠리거나 숨어 버리지 않았으면 좋겠어요. 다른 사람의 시선에 따라 움츠리고 살아가는 것이 더 여러분을 힘들고 불행하게 만들 수 있어요. 항상 자신이 맡은 일에 최선을 다하고 포기하지 않았으면 좋겠어요.

아버지가 저를 수용자 자녀로 불리게 만들었다는 것을 원망하지 않아요. 아버지는 우리 가족을 위해서 살아왔다고 생각할 만큼 우리 가정에 최선을 다한 슈퍼맨 같은 존재예요. 저는 아버지를 항상 사랑하고 존경해요. 제가 이렇게 생각할 수 있다는 게 신기할지도 몰라요. 저도 이러한 마음과 긍정적인 사고, 밝은 성격을 가지기까지 오랜 시간이 걸렸지만 결국에는 변할 수 있었어요. 분명한 것은 여러분도 변화할 수 있고, 무엇이든 이겨 내고 할 수 있다고 말하고 싶어요. 이 글을 통해 저와 비슷한 환경에 놓인 친구들에게 제 마음이 전달되고 조금이라도 위로와 도움이 되었으면 좋겠네요. 언제나 뒤에서 응원할게요.

### 희망을 가지고 살아가는 이들을 위해

희망을 가지고 살아가는 모든 이는 그 속에서 크고 작은 아픔들도 있을 거예요. 이런 일들을 겪지 않더라도 저는 모든 사람은 대단하다고 생각해요.

모든 이에게 지금까지 일을 겪으면서 느꼈던 저의 감정을 얘기해 주고 싶어요. 생각보다 큰 아픔을 겪었지만 우리는 연약하지도, 세상의 어둠의 자리에 서 있지도 않아요. 우리는 꿈도 있고, 하고 싶은 것도 많아요. 그리고 이를 위해 열심히 노력하면서 살아가고 있어요. 우리는 고통을 이겨 내는 방법과 새롭게 일어설 수 있는 방법을 일찍이 배운 것 같아요. 세상에는 많은 사람이 다양한 경험을 하면서 지내고 있을 거예요. 우리가 모르고 있는 수많은 일처럼……. 수용자 자녀들도 똑같아요. 우리를 너무 가엾게만 보지 말고, 색안경을 끼고 바라보지 않았으면 해요. 모든 수용자 자녀가 잘못된 행동을 한 것도 아니고 못된 짓을 한 것도 아니에요. 수용자 자녀라고 하여 비난을 받고 손가락질을 받을 필요도 없어요.

처음에는 무섭고 부끄러웠지만 저 자신을 동정하고 슬퍼할수록 스스로를 갉아먹고 더 약해지고 있는 모습을 보아 왔어요. 그래서 저는 더 당당하게 살고, 부끄럽다는 생각을 하지 않아요. 그래서 더 빨리 성숙했어요. 부정적인 생각을 할수록 더 부정적인 삶이 되고, 힘들어지는 거 같아요. 긍정적인 생각을 하고, 좋은 생각을 한다면 긍정적인 사람이 되고 밝아질 수 있어요. 제가 그러했던 것처럼……. 처음에 일을 마주하였을 때는 매일 부정적이고 나쁜 생각만 했더니 어느새 저도 모르게 얼굴에서는 미소가 사라졌어요. 그러한 제 모습을 보니 더 주눅이 들고, 더 힘들어했어요. 그래서 좋은 생각을 많이 하고 긍정적으로 살아가고자 마음을 다잡으니 표정도 밝아지고, 더 나아가 우리 가족까지 밝은 모습으로 만들 수 있었어요. '이런 것쯤으로 내가 무너진다면 너무 비참하고 살아간다는 것이 아쉽지 않을까.'라는 생각을 하면서 스스로 힘을 냈어요. 그래서 저는 앞으로 올 수 있는 크고 작은 일을 완벽하게 할 수는 없더라도 닥쳐오는 일에 겁먹지 않고 무엇이든 할 수 있다고 생각하는 사람이 되었어요.

세상의 차가운 시선, 불쌍한 시선이 아닌 따뜻하고 평범한 시선으로 우리를 봐 주었으면 좋겠어요. 그리고 '괜찮다.'고, '너희 잘못이 아니다.'라고 말해 주었으면 좋겠어요. 이러한 말들이 우리에게는 정말 큰 위로가 됩니다. 모든 이에게 지금 우리가 겪고 있는 상황은 슬픔만 있는 게 아니라 그

속에서 많은 것을 배울 수 있는 하나의 경험이라고 말해 주고 싶어요. 우리의 아픔을 조금이라도 이해하기 위해 긴 글을 읽어 주셔서 고마워요. 그리고 저는 모든 사람의 뒤에서 항상 응원할게요.

# 04

# 보배는 질그릇에서
# 빛난다

라엘(Lael)

## 2014년 11월 28일 오후 2시

"우리 엄마가 사 준 패딩이야. 그런데 사 줘 놓고 엄청 생색
내는 거 있지? 사 줬으니까 더 열심히 공부하라고……."

패딩의 가슴 왼쪽에는 노스○○○ 마크가 있다. 딱 봐도 40만
원은 넘어 보이는 비싼 패딩이다. 그러나 패딩은 지금 나의 눈
에 들어오지 않는다.

"야, 그래도 부럽다. 우리 엄마는 그런 거 사 주지도 않아."

옆에 있던 하영이가 추켜세운다. 이로써 대화 주제는 어머니
가 되었다. 나는 빠르게 머리를 굴린다. '실수하면 안 된다.' '앞
뒤가 맞아야 한다.' '그러나 타이밍도 놓치면 안 된다.'

"난 얼마 전에 저지를 가지고 싶다 했더니 민트색 저지를 사오신 거 있지? 민트색이 뭐야, 민트색이! 창피하게."

아이들이 크게 웃는다. 다행이다. 잘 넘어간 것 같다. 손에는 식은땀이 흐르고, 쿵쿵 뛰는 심장을 무시하며 나는 다음 질문들을 빠르게 예측해 본다.

"야, 다음에 꼭 입고 와! 그런 것도 있냐, 겁나 웃기네."

떵-동-댕-동.

종소리가 울린다. 대화가 끝났다. 나는 안도감을 느낀다. 목소리가 아주 조금 떨렸던 것 같지만 괜찮다. 들킬 정도는 아니다. 긴장이 풀리자 이제야 온몸의 떨림을, 심장의 강렬한 박동을 느낀다. 온 감각을 잠재우며 이야기를 이어 나간다. 그렇게 오늘도 나는 새로운 나를 만든다.

## 2014년 11월 28일 오후 6시

학교가 끝나고, 나의 거처로 돌아간다. 문을 열자, 여섯 살 정도 된 남자아이의 울음소리가 들린다.

"내가 네 형이랑 싸우지 말랬지!!!"

보육 선생님의 앙칼진 목소리가 건물을 울린다. 아이가 깜짝 놀라 '꺽꺽' 소리를 내며 울음을 삼키는 듯, 그러나 삼켜지지 않는 듯, 그 동그란 눈에서 눈물을 떨어뜨리며 운다.

04 보배는 질그릇에서 빛난다

'여섯 살짜리가 뭘 알아듣는다고……. 오늘은 눈에 띄지 말 아야지.'

이해되지 않는다. 상식적인 보육 선생님이라면 여섯 살 아이에게 화부터 내는 것이 아니라 상황 설명을 듣고 가르쳐야 할 것이 아닌가. 그러나 나는 그 모습을 무시한 채 급히 방으로 들어간다. 내가 끼어들었다가는 그 불똥이 나한테 튈 것이기 때문이다. 마음의 양심에 걸리지만 어쩔 수 없다. 나중에 아이의 친누나에게 위로나 해 주라고 해야겠다. 그게 나의 최선이다.

오른쪽 이층 침대의 아래. 이곳이 나의 침대다. 마구 쌓여 있는 옷들 사이에 있는 민트색 저지를 바라본다. 민트색 저지…… 반은 맞는 말이고 반은 틀린 말이다. 눈치챘을지 모르겠지만 이곳은 보육원이다. 그리고 민트색 저지를 준 사람은 어머니가 아니다. 나의 어머니는 지금 구치소에 있다. 저지를 준 사람은 이 보육원에 후원하러 온 기업이다. 크게 플래카드를 걸고 사진을 찍어 대는 모습을 봐서는 대외적으로 잘 보이려고 온 것 같다. 우리에게 진정으로 관심이 있는 사람은 그들 중 과연 몇 명이나 될까 싶다.

실은 옷에 대해 크게 불평했다가 보육 선생님한테 호되게 혼난 적이 있다. 본인이라면 저걸 입을 수 있겠냐고 물어보고 싶었지만 참았다. 어차피 내가 대든다고 이길 수 있는 상대가 아니기 때문이다. 그날 나는 간식을 금지당했다.

그래도 지금 생각해 보면 참 감사하다. 저 이상한 민트색 저지 덕분에 상황을 모면할 수 있었고, 우리 어머니가 구치소에 있다는 사실을 아이들은 상상하지도 못할 것이다. 내가 생각해도 괜찮았던 말에 씨익 웃음이 나온다. 저지에 대해 이상한 애증의 감정이 든다.

"불닭볶음면 먹으러 가자!"

수진 언니가 나를 부르며 방문을 열고 들어온다. 아까 혼나던 남자아이의 누나다. 나와 같은 수용자 자녀다. 다만, 나보다 더욱 심각한 상황이다. 수진 언니는 어릴 적 아버지한테 지속적인 성학대를 당했다. 어머니는 아버지를 말리지 못할 정도로 무능력하셨고, 언니는 그저 그 모든 학대를 고스란히 받아내야만 했다. 학교도 제대로 가지 못했다고 한다. 그리고 그 학대가 자신의 동생들에게까지 미치자 '내 동생들은 나와 같은 삶을 살게 할 수 없어.' 하고 생각했다. 그 일념으로 아버지를 상대로 스스로 고소하여 승소하였고, 이렇게 보육원에 들어오게 되었다.

여기 있는 아이들 한 명 한 명이 다 자신만의 상처가 있다. 깨어진 가정, 왜곡된 성품……. 그러나 그 상처를 품어 줄 수 있는 사람은 없다. 다 각자의 상처로 힘든 상황이기 때문이다. 그렇기에 우리는 그저 현실을 외면할 뿐이다. 자신의 미래, 자신의 과거, 그 모든 것에서 벗어나고자 한다. 어차피 우리가 노력해 봤자 아무것도 바뀌지 않기 때문이다. 여기에 이렇게 버려진 우리가 좋은 부모를 가질 수는 없지 않은가. 그렇기에 그저 지금 이 순간을 즐길 수 있는 것들을 찾는 것이 우리의 최선이다.

04 보배는 질그릇에서 빛난다

## 2014년 11월 28일 오후 8시

고등학생이 되면 술, 담배는 물론 성행위까지 모든 것이 개방된다. 그러나 중학생인 우리까지는 로망으로만 남아 있다. 그것이 이곳의 암묵적 규칙이다. 그렇기에 우리에게 허락된 도피처는 노래방을 가는 것과 매운 것을 먹는 정도다. 폭행, 도벽을 통해 희열을 느끼는 아이들도 있지만, 그런 문화에 나와 수진 언니는 적응하지 못했다. 우리 둘이 유독 더 강한 유대감이 있는 이유는 둘 다 늦게 입소해서일까, 수용자 자녀여서일까, 둘만이 유독 인간미가 남아 있기 때문일까.

수진 언니와 함께 노래방에 들어간다. 방문을 열고 들어가면 가장 먼저 신나는 음악을 튼다. 시끄러운 음악이 내 몸을 감쌀 때 자유로움을 느낀다. 내가 누구인지, 지금 어떤 상황인지, 여기는 어디인지, 어디로 흘러가는지 모든 생각이 필요 없다. 그러고 나서 가장 슬픈 노래를 부른다. 노래 속 상황이 되어 본다. 그 감정에 심취한다. 노래에는 신비한 힘이 있다. 나의 감정을 끌어내고 카타르시스를 느낀다. 이 감정에 머무르고 싶다.

4시간여 긴 노래 시간을 마치고 노래방을 나온다. 그 여운에 우리는 마지막으로 부른 노래를 흥얼거리며 길을 걷는다. 공허함이 찾아오려 할 때, 우리는 불닭볶음면을 먹는다. 우리는 슬프지 않다. 슬퍼할 여유를 스스로에게 허락하지 않는다. 아무도 그 감정을 받아 줄 수가 없다. 공허함과 우울함이 찾아올 것 같을 때에는 노래방에 가자고, 매운 것을 먹자고 하며 그저 서로를 부를 뿐이다. 그게 내가 배운 슬픔을 극복하는 방법이었다. 그 누구도 나의 감정을 직면할 기회를 주지 않았고, 이외에 다른 방법을 알려 주지 않았다.


## 2015년 12월 9일 오후 2시

내 손에는 종이 한 장이 들려 있다. 고등학교 입학 지원서다. 어느덧 1년 하고도 반이 지나 고등학교 입학 원서를 써야 하는 때가 왔다. 벌써 고등학생이라니 착잡하다. 나의 인생에 대한 책임의 무게가 나를 짓누른다. 고등학생이 되고 싶지 않다. 어른이 되고 싶지 않다. 나이를 한 살 한 살 먹을수록 혼자서 나의 삶을 짊어져야만 한다는 부담감이, 이 세상에 언젠가는 홀로 내던져질 것이라는 불안함이 엄습한다. 나의 편은 아무도 없고, 나의 부모는 도움이 되지 못할 것이다. 고등학생이 아무 이유 없이 보호받을 수 있는 나의 마지막 신분이다.

"너 어디 쓸 거야?"

"△△외고."

"엥, 너 공부 잘했었어?"

3학년에 올라와서 친해진 민아가 눈이 동그래져 놀라 물어

본다. 하기는 맨날 학교에서 잠만 잤으니 놀랄 만한 것 같다. 솔직히 말하면 공부는 못한다. 보육원에 들어가기 전까지는 악착같이 해서 전교 3등까지도 했었지만, 그 이후에 그냥 모든 것을 놓아 버렸다. 애초에 공부가 잘되질 않았다. 공부를 해야 할 이유도 없었고, 열정도 없었으며, 정신머리도 없었다.

그럼에도 불구하고 △△외고에 입학 지원서를 쓸 수 있는 이유는 초등학생 때 여러 사정으로 홀로 미국에 갔었기 때문이다. 그때는 정말 힘들었다. 말 한마디도 제대로 못하는 곳에서 화장실에 가고 싶다는 말을 온몸으로 표현할 때의 감정이 어떨 것 같은가. 그때 아이들은 나를 둘러싸고 내가 무슨 말을 하는지 맞추어 보자고 말하며 호기심 어린 눈빛으로 바라보았다. 나는 동물원의 원숭이였다. 처음에는 아이들이 호기심으로 나에게 많이 알려 주려 했지만, 호기심이 떨어지자 점차 나를 떠나갔다. 어쩜 한국인이 단 한 명도 없던 곳으로 가게 되었는지……. 소통하기 위해서라도, 살기 위해서라도 악착같이 영어를 외웠다.

생각해 보니 그때에도 나에게는 감정을 털어놓을 사람이 없었다. 그 시기에 나를 길러 준 사람은 친어머니가 아니었다. 한번은 그분에게 "여자가 말이 많으면 못 써. 그러면 다들 너를 싫어할 거야."라는 소리를 들었다. 내게는 말을 할 수 있는 사람이 그분밖에 없었기 때문에 그랬던 건데……. 그 이후로 나는 마음의 문을 닫아 버렸다. 사람의 사랑을 바라느니 영어 단

04 보배는 질그릇에서 빛난다

어를 외우는 게 더 나은 것 같았다. 반년 동안은 거의 혼자 인형 놀이를 하며 놀았다. 상상 속에서 만들어 낸 사람과 대화를 했고, 홀로 인형으로 상황극을 하며 놀았다. 그렇게라도 안 하면 너무 외로워서 견딜 수가 없을 것 같았다.

이런저런 이유로 영어를 꽤나 잘했던 나는 영어 성적만큼은 공부를 안 해도 어찌어찌 괜찮게 받았고, 갑작스럽게 외국어 고등학교의 선발 기준이 영어 성적만 반영하는 것으로 바뀌면서 외고에 지원할 수 있게 되었다.

딱히 나의 미래나 발전을 위해 외고에 지원한 것은 아니다. 그랬다면 더 좋은 외고에 지원하였을 것이다. 내가 △△외고에 지원한 이유는 단 한 가지, 그 학교에는 기숙사가 있기 때문이다. 보육원 생활이 힘들다고 생각해 보지는 않았는데, 알게 모르게 힘들었나 보다. 이곳에서 하루라도 빨리 나가고 싶다는 생각이 스멀스멀 올라온다. 그렇지만 기대하는 마음을 최대한 억누른다. 최대한 부정적인 감정을 느끼기 싫다.

그런데 꼭 보육원 때문만은 아니다. 어머니와의 시간을 최대한 피하고 싶은 것도 있다. 곧 출소하실 어머니가 감당이 안 될 게 뻔하다. 함께 있는 시간을 줄이는 것이 나를 위해서도 어머니를 위해서도 더 나을 것 같다. 어머니는 분노조절장애에 가까우셨고, 나에게는 집 안이 쉼터가 아니었다. 또 다른 전쟁터였다. 오히려 보육원에서의 생활이 더 나았다고 생각될 정도로 집이 싫었고, 실은 어머니의 수감이 당시에 조금은 기뻤다고 한다면 내가 너무 나쁜 아이일까.

오랜만에 하늘을 향해 기도한다. 나에게 합격을 달라고. 평상시에는 신을 찾지도 않으면서 염치없지만 어쩔 수 없다. 일단 내가 살고 봐야 할 것이 아닌가.

## 2016년 5월 2일 오후 5시

△△외고에 합격했다. 이곳에 오면 자유롭고 행복할 줄 알았는데, 또 다른 억압과 불행의 시간이었다.

왼쪽 이층 침대의 아랫자리. 이번에는 이 자리다. 다들 이층 자리를 선호하다니, 이층 침대에 한 번도 살아본 적 없는 하수다. 보육원에서라면 절대 저 자리를 고를 일이 없었을 것이다. 저기를 올라갔다 내려오는 게 얼마나 귀찮은데, 괜한 로망으로 이층 자리를 고른 게 뻔하다. 그렇지만 절대 말해 주지 않았다. 자발적으로 고생해 준다는데 얼마나 감사한 일인가.

기숙사 문에는 방마다 조그맣게 창문이 뚫려 있다. 밤에 휴대전화를 하면 불빛이 새어 나가 사감이 들어와 휴대전화를 빼앗는 구조다. 어째 어머니가 있던 구치소보다 감시가 더 엄격한 것 같다. 어이가 없다. 한번은 룸메이트 아이들을 꾀어내 함께 이층 침대에 이불을 걸어 텐트를 치고 놀았다. 그러다가 사감에게 걸려 휴대전화를 일주일 동안 빼앗겼다.

04 보배는 질그릇에서 빛난다

이곳에서의 일상은 정말로 답답하고, 의미 없음을 넘어 나의 온 자존감을 갉아먹게 한다. 이곳에서는 나의 가치가 오로지 공부로만 형성된다. 아침부터 오후까지 수업을 들은 후 우리는 모두 열람실로 줄줄이 이동해 닭장 같은 곳에서 밤까지 공부만 해야 한다. 선생님들이 좌석을 체크하고 돌아다니며 감시한다. 휴대전화를 사용하는 것을 걸리는 순간 또 일주일 압수다.

상상해 보라. 맨날 노래방에서 샤우팅하며 춤추던 아이가, 하루아침에 닭장 같은 곳에서 심지어 잠잘 때까지 24시간 감시를 받게 되면 어떨 것 같은가. 공부란 것을 생각해 본 적 없는 아이가 등수에 따라 꼬리표가 매겨지는 이곳에 있는 것이 어떤 의미로 다가왔겠는가.

고등학교 1학년, 밥도 제대로 못 먹는 상태로 입원해 있는 것은 어찌 보면 당연한 결과다. 그동안 참고 참았던 스트레스가 드디어 온몸으로 표현된다. 나는 위염과 장염, 식도염으로 음식을 아예 먹지 못한다. 뚝뚝 떨어지는 링거 방울을 바라보며 눈물이 난다. 내가 왜 슬픈지도 모르겠다. 무엇이 아픈지도 모르겠다. 무엇이 문제인지를 도무지 알지 못하겠다. 어차피 하라는 공부도 안 하면서 아플 게 뭐람……. 혼란스러운 마음을 다시 욱여넣는다. 슬퍼한다고 바뀌는 것은 없다. 내게 감정은 사치다.

## 2017년 9월 13일 오후 2시

"그 뒤에 읽어 봐."

나의 차례가 점점 다가온다. 손에 식은땀이 나는 것이 느껴진다. 나의 차례를 예측해 보고, 미리 답을 찾아본다. 어지럽게 생긴 한자들을 바라보면 눈물이 날 것 같지만, 일단 정답지를 휘저으며 읽는 방법을 찾아본다.

"○○○, 읽어 봐."

나를 콕 집어 말한다. 어차피 못 읽을 것을 알면서 순서를 넘어 나를 지목하신다. 소리치고 싶은 마음이 스멀스멀 올라온다. 아이들이 모두 나를 의식한다. 모든 신경이 곤두선다. 옆의 짝꿍은 차마 나를 바라보지 못하고, 교실에는 묘한 긴장감이 휘돈다.

"하아, ○○○ 읽어 봐."

시간이 조금 지나자 선생님은 한숨을 크게 내쉬고 다른 아이를 시킨다. 그 아이는 살짝 내 눈치를 보더니 읽기 시작한다. 두근거리는 심장과 함께 나는 고개를 푹 숙인다. 수치감이 올라온다. 나 자신이 너무 무가치해 보이고 다른 사람들도 나를 그렇게 생각할 것만 같다. 그렇지만 내가 마땅히 감당해야만 하는 감정이다. 원망할 시간에 수학 문제 하나라도 더 풀어서 좋은 대학에 가는 게 낫다. 중국어를 포기한 나에게 중국어 선

04 보배는 질그릇에서 빛난다

생님은 지독히도 못되게 구셨다. 나의 인사만을 안 받는 것은 물론, 룸메이트에게 뒷담화를 하시거나 수업 시간에는 수시로 공개적으로 망신을 주셨다. 그러나 어찌하겠는가. 성적과 입시로 나의 가치가 매겨지고 증명되는 곳인 것을……

부모의 품에서 자라지 못한 나에게 그 누구도 나의 가치가 어디서 오는지 알려 주지 않았다. 내가 누구인지, 어떻게 하면 사랑받는지 그 누구도 알려 주지 않았다. 내가 이곳에서 처음으로 처절하게 깨달은 가치는 공부였다. 그래서 나는 공부하고, 공부하고, 또 공부했다. 눈 밑에 치약을 바르기도 했고, 커피콩을 생으로 씹어 먹기도 했다. 선생님께 보여 주고 싶었고, 보육원에 있는 후배들에게 보여 주고 싶었고, 세상에 보여 주고 싶었다. 내가 이런 삶을 살았는데, 결국 해냈노라고. 너희도 희망이 있다고. 나의 가치를 증명하고 사랑받고 싶었다. 사랑받고 싶어 하는 자의 몸부림이었다.


## 2019년 4월 5일 오후 9시

연세대학교에 입학했다. 약속 시간에 늦어서 뛰어간다. 'YONSEI'라는 글씨가 적힌 돌로 달려간다. 뿌듯한 마음이 든다. 내가 태어나서 처음으로 무언가를 제대로 성취한 것 같다.

"아씨, 뭐하다가 이제 와."

나의 술 메이트다. 서로 약속이 없을 때면 불러서 새벽까지 연거푸 잔을 기울인다. 딱히 하는 말은 많이 없다. 서로에 대한 장난 섞인 비난 정도랄까. 술자리가 없으면 뭔가 불안하다. 나 없이 애들끼리 노는 자리는 나의 마음이 허락하지 않는다. 사람들이 소위 말하는 '인싸' 모임에 낀다. 그런 모임이 없다면 나의 술 메이트를 부른다. 딱히 술이 좋은 것은 아니다. 그저 공허한 나의 마음에 한 잔 한 잔을 채워 나가는 것이다.

인생에 처음이자 마지막으로 처절하게 깨닫게 된 나의 가치는 대학이었고, 나는 2년 동안 그것만을 바라보며 살아왔다. 그리고 과거에 내가 보고 배운 감정을 채우는 방법은 이런 것들밖에 없었다. 공부, 술, 담배, 성적 쾌락……. 하나씩 시도해 본다. 사라진 인생의 방향성에, 빈 공허한 마음에 하나씩 채워 본다.

## 2020년 1월 25일 오전 7시

대학에 와서 1년 동안 해 볼 만한 것들은 다 해 본 것 같다. 그리고 지금 나는 세 남자 사이에서 고민한다. 그들을 사랑해서가 아니다. 누가 나를 가장 많이 채워 줄 수 있는지를 계산한다. 나의 마음은 다른 사람을 배려할 만한 상태가 아니다. 이미 내 마음은 망가졌으며, 무엇이 문제인지 자각조차 못한다. 그러면서도 소름 돋을 정도로 정상적으로 지낸다. 나의 과거를

04 보배는 질그릇에서 빛난다

아는 사람은 단 한 명도 없다. 세상은 나를 성공한 빛이 나는 사람이라 말한다.

새벽까지 잠을 못 이룬다. 아침 7시까지 혼자 뒤척인다. 이 시간까지 나는 주로 파괴적인 상상을 한다. 나를 사랑하는 누군가가 견딜 수 없는 슬픔을 겪는 것, 서바이벌의 상황에서 내가 모두를 이기고 일어서는 것 등. 언제부터 그랬는지는 모르겠다. 이런 상상을 할 때면 내가 살아 있다고 느낀다. 그 상상 속의 감정을 느끼며 현실의 감정을 회피한다. 그리고 나는 두 달 가까이, 상상에 상상을 더하며 잠을 못 이루었다. 잠을 못 자니 신체적으로도 정신적으로도 너무 힘들어졌다. 사람이 극도로 예민해지고, 삶이 피폐해진다. 별것 아닌 일에 상처받고 상처 주고 싶어 한다. 내가 무엇을 하고 있는지 모르겠다. 내 인생이 어디로 흘러가는지도 모르겠다. 내 옆에 이 남자는 어떻게 해야 할지 모르겠다. 수많은 혼란 가운데 신이 나에게 저주를 내린 것은 아닐까 생각해 본다. 내가 신과 너무 상관없이 살아서 이런 상태인 것일까 생각해 본다. 내가 신의 뜻대로 살면 조금 더 행복해질까 싶다. 나에게 유일하게 신을 알려 주려 한 그녀가 생각난다.

"○○에게 하나님은 어떤 분이야?"

2019년 4월의 어느 날, 나에게 하나님을 제대로 전하려 했던 사람이 물어봤던 질문이다. 나의 인생이 스쳐 지나간다. 나에게 신은 절벽 위 호랑이였다. 갑작스럽게 미국에 가게 되고, 보육원에 가게 되고, 외고에 가게 되고……. 왕따를 심히 당하기도 했고, 성폭행을 당하기도 했다. 몇 년 뒤 그 행위가 어떠한 행위인지를 깨달았을 때는 수치감에 죽어 버리고 싶었다. 그래서 그냥 나의 기억에서 지워 버렸다. 그 모든 과정에서 난 부모의 도움을 제대로 받지 못했다. 나의 생각과 아픔을 그들에게 말하지도 못했다. 그들은 아직도 내가 성폭행을 당했음을 알지 못한다.

겨우 절벽 위로 기어올라 온 나를 다시 절벽 아래로 떨어뜨리시는 분. 그게 내가 생각한 신이었다. 나는 신을 믿을 수밖에 없었다. 신을 믿지 않는 것이 이상한 인생이었다. 신은 결코 나를 죽이지는 않는다. 죽을 뻔한 적이 정말 많았음에도 죽음의 문턱에서 나는 매번 살아남았다. 심지어 한 번은 트럭이 나를 깔고 지나가 몸에 타이어 자국이 새겨졌을 때도 온몸이 멀쩡했다.

내가 생각하는 신은 절벽 위 호랑이라고 솔직하게 말했다. 나의 인생에 굴곡이 많았고, 내가 겨우 버텨 올라오면 다시 나를 떨어뜨린다고. 그래서 나는 지금 이 순간에도 불안하다고, 대학에 와서는 무슨 일이 터질까 미리 마음의 준비를 하고 있다고 말이다. 나의 온 마음을 이야기하지는 못했다. 어차피 알아듣지도 못할 것 같았다. 그러나 그 말을 들은 그녀는 울었다. 나도 울지 못하는 나의 감정 대신 울어 주었다.

04 보배는 질그릇에서 빛난다

## 2020년 1월 25일 오전 8시

비몽사몽의 상태로 시계를 본다. 벌써 한 시간이 또 지났다. 생각을 너무 많이 한 건지 머리가 어지럽고 답답하다. 그녀에게 카카오톡을 보내기로 결심했다. 대략 반 년 동안 꾸준히 오는 그녀의 카카오톡을 읽지 않았다. 이제 와서야 내가 필요하니까 찾는 게 염치없지만 어쩔 수 없다. 일단 내가 살고 봐야 할 것이 아닌가. 욕먹을 각오를 하고, 나의 질문을 그녀에게 던진다. 이 질문의 답에 나의 인생이 달려 있다.

## 2020년부터 2021년까지

그녀에게 답변이 왔다. 긴장된 마음으로 그녀의 연락을 확인한다. 긴 장문의 답변에 오래 고민하고 쓴 듯한 여러 개의 말씀 구절이 끼워져서 돌아왔다. 그녀는 내게 무슨 일인지, 왜 갑자기 이러는지 그 어떠한 질문도 하지 않았다. 안부조차 묻지 않고 상황조차 제대로 설명하지 않은 나의 예의 없는 질문에 그저 기쁨과 축복이 가득 묻어난 장문의 카카오톡으로 답하였다.

이해되지 않았다. 어떻게 나에게 이럴 수 있는지, 어떻게 이렇게까지 무시하고 무례하게 행동한 나를 축복하고 기뻐할 수

04 보배는 질그릇에서 빛난다

있는지. 나로서는 도저히 이해되지 않았다. 처음으로 진지하게 그녀가 믿는다는 신을 알아보고 싶어지는 순간이었다.

그 이후로 나는 그녀와 함께 하나님을 알아갔다. 그녀는 내가 어떻게 반응하든지 중심을 지키며 나를 대해 주었다. 심지어 그녀의 하나님을 대적하고 모욕할 때에도 그녀는 끝까지 나의 눈을 응시하며 하나님을 전해 주었다.

"○○야, 사랑은 세뇌로 되는 게 아니야."

그중 2년이 지난 지금까지도 나의 기억에 남는 한 문장이다. 진화론을 주장하며 당신이 세뇌를 당한 것 같다고 말하는 나에게 그녀는 살짝 웃음을 지으며 한 마디의 말로 승리하였다. 그 문장이 내게 타격을 준 이유는 그녀가 어떠한 사랑으로 나를 대하였는지 그 누구보다 내가 잘 알았기 때문이다. 그녀는 저 문장을 말할 수 있는 유일한 사람이고, 그 이전에도 이후에도 그녀는 삶으로 직접 사랑을 보여 주었다.

그러한 그녀의 헌신으로 나는 나의 하나님을 만나게 되었다. 하나님을 처음 만나게 된 순간을 기억한다. 그는 말씀 가운데에 임재하시며 나의 손을 붙드시고 나와 함께 걸어가셨다. 그리고 나의 인생에 평생 함께하실 것을 약속해 주셨다. 그는 작디작은 나를 주목하시고, 큰 손으로 붙드시고, 함께하여 주셨다. 평생을 혼자 짐을 지운 채 살아온 나에게 그 순간은 앞으로도 잊을 수 없게 되었다.

그 이후 하나님을 만나러 가는 모든 순간이 내게는 행복이었다. 나의 상처와 죄가 드러날 때는 도망치고 싶을 때도 있었지만 언제나 그의 말씀과 사랑이 나를 붙들고 감동시켰다. 그는 나의 깊은 상처를 어루만지시고 모든 죄를 용서해 주셨다. 부모가 없던 나에게 그는 온전한 부모가 되어 주었고, 사랑할 수 없는 나에게 먼저 사랑을 보여 주었다. 20년 동안 경험하지 못한 사랑을 2년 동안 넘치도록 받았다.

사랑을 모르던 내가 나를 돌이키기 위해, 나를 치유하기 위해, 나 하나 때문에 십자가에 달려 돌아가신 하나님의 사랑을 받아 이제는 사랑을 조금씩 느껴 가고 있다. 이것이 나에게는 얼마나 기적 같은 일인지 모를 것이다.

다른 사람을 향하여서는 일말의 공감도 하지 못하던 내가 이제는 다른 사람을 위해 전심으로 기도하고 있다. 나의 감정조차 제대로 느끼지 못했던 내가 이제는 사랑이란 것을 느끼고 있다. 지금까지 내가 살아 있는 것조차 기적인데, 이러한 삶을 살아갈 수 있다는 것이 얼마나 큰 기적인지, 이 감격을 도무지 글로 다 표현할 수가 없다.

내가 받은 은혜도 그렇다. 나의 상처가 깊었던 만큼, 공평하신 나의 하나님은 나를 깊이 만나 주셨고 그 누구보다 더욱 큰 은혜를 받게 하셨다. 그리고 나의 인생이 험했던 만큼, 그의 영광을 크게 드러내셨다.

여러분이라면 가지고 있는 가장 귀한 보석을 어디에 두겠는가? 화려한 장식장, 순금으로 만들어진 그릇, 투명하고 빛나는 크리스털……. 나의 하나님은 험하고 투박한 나의 인생에 두셨다. 별 볼 일 없고, 쉽게 깨지고 너무나도 연약한 나에게 그 보석을 두셨다. 그렇기 때문에 오직 그 보석만이 더욱 선명히 빛나 보인다.

"우리가 이 보배를 질그릇에 가졌으니 이는 심히 큰 능력은 하나님께 있고 우리에게 있지 아니함을 알게 하려 함이라"(고후 4:7).

나는 하나님을 만나고 나서도 오랜 시간 하나님을 원망했었다. 왜 나의 인생을 이렇게 빚으셨는지, 내가 힘들 때는 뭐하고 계셨는지, 왜 이제야 나를 만나 주시고 회복시키셨는 지…….

"너가 상처를 받았던 그 모든 순간, 나는 너를 위해 십자가에서 죽고 있었다. 이제야 너를 만나 줄 수밖에 없던 나를 용서해 줄 수 있겠니."

주님 안에서의 깊은 치유를 경험한 순간, 진심으로 감사의 고백이 터져 나왔다. "내 인생이 상처받은 인생인 것에 감사합니다. 그렇기에 내가 주님을 깊이 만날 수 있었고, 깊은 치유를 경험할 수 있었습니다. 나를 위해 그 보혈을 흘려 주셔서 너무 감사합니다." 그리고 나는 지금 이 순간조차 나의 인생이 가장 귀한 그 보배를 드러내는 질그릇인 것에 감사한다.

# 세상과 함께

## 저와 사뭇 비슷한 아픔을 지닌 여러분

그 누구도 자신이 원해서 수용자 자녀가 된 사람은 없을 거예요. 저와 사뭇 비슷한 아픔을 지닌 여러분은 어떠한 사연으로 수용자 자녀가 되었습니까?

저의 어머니는 자신의 죄가 아닌 일로 구치소에 들어가셨어요. 아버지의 깊은 도박 중독으로 인한 빚에 어머니는 사채를 빌려 쓸 수밖에 없었고, 그 과정에서 누명을 쓰고 수감되셨어요. 우리 집안은 돈이 없어서 국선 변호사를 쓸 수밖에 없었고, 그 변호사는 죄가 없는 어머니에게 그냥 죄송하다고만 하면서 수감 연수를 줄이라 했어요. 어머니도 저도 도저히 납득할 수 없었지만 돈이 없어서 다른 변호사를 고용하지도 못했어요. 어머니는 연세가 있어 타자도 칠 줄 모르셔서 종이에 맞춤법도 문법도 전부 틀린 채 볼펜으로 꾹꾹 눌러 탄원서를 쓰셨습니다. 그 탄원서가 그렇게 분하고 억울하고 수치스러웠어요. 몇 억 원어치의 빚을 내고 합의를 해야 하는지 고민 중인 어머께 저는 말씀드렸습니다.

"그냥 들어가서 사세요. 돈을 내는 것이야말로 그들이 원하는 것이에요. 이렇게 된 이상 억울해서 그 사람들이 원하는 대로 되는 꼴을 보고 싶지 않아요."

그렇게 어머니는 수감되셨고, 이 지경이 되어서도 도박을 끊지 못하던 아버지는 딸의 부양 능력이 없다고 판단되어 저는 보육원에 들어가게 되었어요. 어머니를 수감시킨 사람은 어머니의 십년지기 친구였어요. 재판이 시작될 때부터 지금까지도 "사람은 절대 믿지 마라. 엄마를 봐라. 그 누구도 믿지 마라."는 말을 어머니는 입에 달고 계십니다.

지독한 인생이었어요. 너무 많은 사건이 있었고, 너무 많은 상처가 있었어요. 억울하고 또 억울했습니다. 제가 무엇을 잘못했기에 이런 인생을 살아야 하는지, 왜 유독 저에게만 이런 일들이 일어나는 것인지 신을 원망했고, 가족을 원망했고, 더 강하지 못한 저 자신을 원망했어요. 혹시 여러분도 이런 상황에 있나요? 여러분의 마음속에는 어떤 울분이나 외침, 아픔이 있었나요? 얼마나 많은 밤을 홀로 울어야 했으며, 얼마나 많은 낮을 가면 속에 살아가야만 했나요?

저는 한 사람의 마음이 어떻게 천천히 망가지는지를 경험했고, 또한 그 망가진 마음이 어떻게 회복되는지도 경험했습니다. 과거의 저는 감정을 누르려 애썼고, 그 누구에게도 의지하지 못했으며, 저의 가치가 어디서 오는지도 몰랐어요. 사랑받고 싶었지만 사랑받지 못한 아이는 그 결핍에 다른 이를 사랑하지 못했으며, 모든 것을 파괴하고 싶어 했으며, 성취와 술 그리고 이성에 매여 살 수밖에 없었습니다. 사랑의 결핍은 다른 것이 아니라 더 깊은 사랑으로 채워야 한다는 것을 그때에는 알지 못했어요.

그렇기에 여러분이 많은 사랑을 받았으면 좋겠어요. 제가 받았던 것보다 더 넘치도록 받았으면 좋겠어요. 그리고 회복되었으면 좋겠어요. 여러분의 아픔에 위로와 눈물, 사랑이 있었으면 좋겠어요. 여러분을 정말 많이 사랑하고 축복합니다. 예수님이 당신을 사랑하시는 것처럼.

## 저와는 사뭇 다른 인생을 살았을 여러분

이 글을 읽은 여러분은 저를 누구라고 생각합니까? 수용자 자녀, 성학대의 피해자, 성품적 결여로 인격적 문제가 생긴 아이. 어떤 부분이 여러분에게 가장 기억에 남습니까?

그 무엇이 떠올랐든 저는 이제 그 무엇도 아니라고 이야기하고 싶습니다. 정확히 그런 상처와 아픔들이 더 이상 저의 정체성을 결정짓지 않는다

04 보배는 질그릇에서 빛난다

고 말해 주고 싶습니다. 이 글을 쓰며 저는 과거의 아픔들을 직면해야 했고, 잊고 지냈던 저의 가장 깊은 것들을 끄집어내야 했습니다. 많이 울기도 하고, 아픔에 빠지기도 했습니다. 그러나 수차례의 수정 과정을 거치며 저는 저의 정체성을 더욱 뚜렷이 보게 되었습니다.

저의 정체성은 이미 하나님께서 저와 함께하시기로 약속하신 그날 완전히 바뀌어 버렸습니다. 가장 연약한 자의 자녀에서 가장 강한 자의 자녀로, 사랑의 결핍이 있던 자에게서 끝없는 사랑을 받고 있는 자로, 저주 가운데에 있던 자에서 신의 영원한 가호를 받는 자로. 저는 더 이상 수용자 자녀도, 인격적인 문제가 있는 아이도, 성학대의 피해자도 아닙니다. 그러한 단어들은 더 이상 저를 규정짓지 못합니다. 저는 그저 하나님께 사랑받는 자이며, 존귀한 자이며, 아름다운 자입니다. 그게 저의 정체성입니다.

어린 저는 이러한 진리를 몰랐기에 그토록 힘들었습니다. 저 자신을 수치로 여겼기에 그 누구에게도 있는 그대로 드러내지 못했습니다. 수많은 거짓과 연기로 저 자신을, 저의 인생을 꾸며 왔습니다. 누구에게도 있는 그대로 용납받지 못했던 인생은 지독히도 외로웠고, 결핍 그 자체였습니다.

그러나 있는 그대로 용납받는 삶은 그 자체로 치유이자 회복이었습니다. 확고한 사랑이 저의 안에 있기에 어떠한 시선에도 서 있을 수 있었습니다. 비록 아프고 넘어지더라도 다시 한번 사랑 안에서 일어날 수 있었습니다.

인생의 가치는 그의 정체성에서 나옵니다. 여러분에게도 씻을 수 없는 수치스러운 상처가 있을지도 모릅니다. 되돌아보기도, 입에 담기도 싫은 순간들이 있을지도 모릅니다. 그러나 그러한 상처들은 결코 여러분의 정체성을 훼손시키지 못합니다. 그것들을 넘어 여러분이 진정으로 누구인가를 깨달았으면 좋겠습니다. 여러분이 얼마나 가치 있고 사랑받는 존재인지를 깨달았으면 좋겠습니다.

저와는 사뭇 다른 인생을 살았을 여러분은 어떤 인생을 살아왔습니까? 저와는 다르게 살았을 테지만, 여러분에게도 깊은 상처, 수치감과 모멸감이 잠재되어 있을 수 있다고 생각합니다. 그리고 그 아픔이 여러분에게는 어떤 의미인지요? 지금 여러분에게 어떤 영향을 미치고 있나요?

저는 역설적이게도 그 아픔 덕분에 가장 큰 사랑을 만났고 말할 수 없는 기쁨을 누리는 특권을 얻게 되었어요. 또한 그 아픔 덕분에 저의 인생은 빛이 되었습니다. 기본적인 공감조차 하지 못하던 아이가 이제는 남을 위해 진심으로 울며 기도할 수 있게 되었어요. 이와 같은 기적이 또 어디에 있겠습니까.

아픔은 마치 마른 골짜기와 같습니다. 골짜기가 깊을수록 생명 하나 태동할 수 없게 되지만 더욱 큰 강물이 흐를 수도 있습니다. 여러분의 삶에 깊은 치유의 강물과 사랑의 강물이 흐르기를 바랍니다. 이제 저의 깊은 강물은 흘러 흘러 많은 생명을 잉태할 것입니다.

## 05

# 내려놓는
# 과정

육공이(602)

## 출렁이는 파도 위의 배

내가 중학교에 올라와서부터 아버지의 사업이 잘되지 않고 있다는 것을 느낄 수 있었다. 집 안에는 아버지의 화내는 소리로 가득했고, 우리 가족은 출렁이는 파도 위로 곧 떨어질 것 같은 배에 탄 것 같았다. 우리는 불안한 마음으로 아버지만 바라볼 수밖에 없었다. 그러나 결국 아버지가 하시던 사업이 망했다. 아버지는 사업 실패로 진 빚을 갚기 위해서, 그리고 가족을 먹여 살려야 한다는 책임감으로 밤마다 대리운전을 하러 나가셨다. 나는 그런 아버지가 안쓰러웠고, 가족을 위해서 일하는 것을 알기 때문에 아버지에게 미안했다.

중학교 2학년 어느 날, 학교를 마치고 집에 들어오니 아버지께서 나에게 "아빠 없이도 엄마 말 잘 들으며 살아야 한다."라고 말씀하셨다. 아버지는 예전부터 사업 때문에 중국으로 출장을 많이 가셨었고 출장 가실 때마다 항상 하시는 말씀이었기 때문에 그때는 '또 이런 말씀을 하시는구나.'라고만 생각했다.

다음 날 아버지는 집에 오시지 않았다. 나는 '왜 안 들어오시지? 밤에 운전을 하시다가 사고가 났나?' 걱정이 되었다. 어머니께서 저녁에 우리 가족을 불러 모아 놓고 아버지가 구치소에 가셨다고 말해 주셨다. 왜 구치소에 가셨는지 물어보니 아버지가 손님을 성추행했다고 하셨다. 믿기지 않았다. 아버지는 그럴 사람이 아니라고 생각했다. 나중에 아버지 이야기를 들어 보니 그런 일을 하지 않았는데 술에 취한 여성분이 아버지한테 성추행을 했다고 고소를 한 것이었다. 하지만 전에도 아버지가 지하철에서 이런 비슷한 일이 있었고, 그 당시에 국선 변호사가 그냥 집행 유예를 받으라고 하여서 집행 유예인 상태였다고 한다.

사실 나는 아버지가 죄를 짓지 않았는데 왜 구치소에 있는지 잘 이해되지 않았고, 아버지는 그런 일을 하지 않았으니 구치소에서 빨리 나올 거라고 생각했다. 하지만 아버지는 몇 개월이 지나도 나올 수 없었고, 그 사이 채권자들은 돈을 갚지 않자 아버지를 고소하기 시작했다. 결국 아버지가 교도소에서 나오시기까지 3년 8개월을 기다렸다.

05 내려놓는 과정

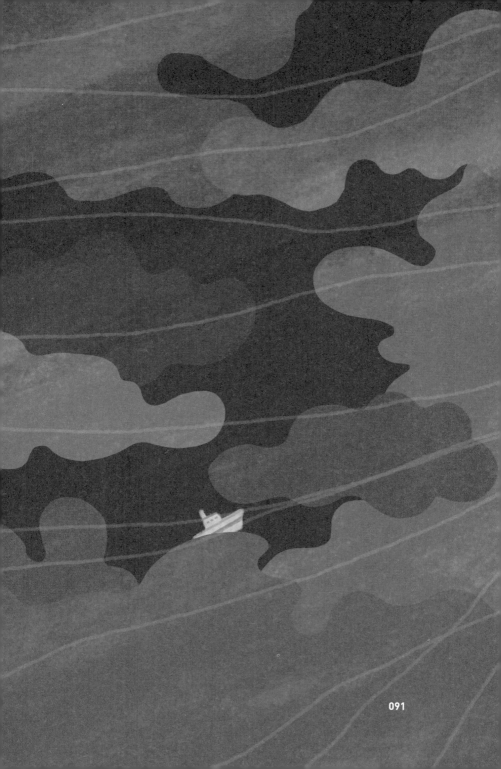

## 아버지의 부재

아버지의 부재로 경제적인 부분이 가장 힘들었다. 아버지께서 구치소에 들어가시기 전 사업이 망해서 잠시 힘들었지만 그래도 대리운전으로 돈을 다시 버시기 시작하면서 먹을거리를 걱정하는 일은 별로 없었던 것 같다. 옷도 잘 사 입었고, 18평 아파트에서 6명이 잘 지냈던 것 같다. 물론 사업이 망하면서 다니던 수학, 영어학원을 그만두고 휴대전화 요금을 못 내기도 했지만 우리에게 이것은 사치인 것을 너무나도 잘 알고 있었기에 아버지나 어머니한테 힘들다고 투정을 부리지 않았다.

그런데 아버지께서 교도소에 들어가시게 되면서 우리 집의 수입은 0원이 되었다. 우리는 어떻게 먹고살지가 급급해졌다. 당장 우리가 살던 집에서 이사를 해야 했고, 학교와 멀리 떨어진 단독주택 단지에 10평도 안 되는 집에서 5명이 살게 되었다. 고시원 같은 작은 방에 이층 침대와 책상 한 개를 두고 이층에는 누나, 일층에는 나와 동생이 지냈다. 나만의 공간이 없었다. 조용히 있고 싶고, 불을 끄고 마음 편히 자고 싶어도 그런 공간은 없었다. 집 안 어디를 가도 사람들로 꽉 차 있었다.

어머니는 마트에서 일을 하게 되셨고, 형은 공익근무를 하면서 치킨집에서 아르바이트를 하여 가족의 생활비를 벌었다. 하지만 5인 가족이 생활하기에는 턱없이 부족했다. 그래서 우

리는 돈을 아끼는 생활을 했다. 일주일에 한 번씩 교회에서 주
는 반찬을 먹었다. 맛있지는 않았지만 돈이 없었기 때문에 참
고 억지로 먹었다. 물건 하나를 사는데도 몇 번을 고민하다가
사지 못할 때가 많았다. 중학교 1학년 때 입던 패딩을 고등학교
때까지 입었지만 옷이 작아지면서 어머니의 친구를 통해 패딩
을 저렴하게 사서 입었다. 나는 우리 가족의 상황을 너무나도
잘 알았기에 이렇게까지 참고 또 참았다. 사고 싶은 옷도 못 사
고, 먹고 싶은 음식들도 못 먹는 것이 서러웠다. 내가 빨리 돈
을 벌어서 이 모든 것을 해결하고 싶었다.


## 채워 주심

어머니는 아버지가 교도소에 들어가신 후 매일 저녁 하나님
께 울며 기도했다. 나는 그곳에 있는 아버지에 대한 마음도 안
좋았지만 아버지를 그리워하는 어머니의 모습도 안쓰러웠다.
나도 이런 상황이 빨리 해결되었으면 좋겠다고 생각했다. 그래
서 나도 하나님께 아버지가 빨리 나오게 해 달라고 기도했다.
하지만 아버지는 우리의 바람처럼 빨리 나오지 않았다. 아버지
는 징역을 살게 되었고, 또 채권자들의 고소장을 받아서 재판
을 받아야 했다. 이렇게 점점 시간이 길어지자 어머니는 앞으
로 우리 가족이 어떻게 살지 고민하였고, 앞으로 가족끼리 예

배를 드리고, 매일 감사한 일들을 하나씩 이야기하자고 하셨다. 우리는 매일 저녁 예배를 드리며 하나님이 우리와 함께하심을 느낄 수 있었다. 광야에서 매일 일용한 양식을 주셨던 것처럼 우리에게도 매일 하나님께서 양식을 주셨다.

내가 고등학교에 입학하기 전 교복은 어떻게 마련할지, 휴대전화도 없으니 새로운 친구들과 연락은 어떻게 해야 할지, 학교까지 가는 버스비는 매달 어떻게 해야 할지 걱정이 되었다. 그래서 하나님께 기도했는데, 형이 신청한 기초생활수급자가 되어서 매달 돈을 받을 수 있게 되었고, 아버지께서 알려 주신 '세움'을 통해 매달 7만 원씩 지원받을 수 있어서 이 걱정을 모두 해결할 수 있었다. 게다가 수급자가 되면서 문화누리카드도 발급받아 친구들과 영화도 볼 수 있게 되고, 필기구나 책도 살 수 있게 되었다. 정말 감사했다. 어머니와 형이 돈을 버는 것만으로는 우리 가족의 생활비로 벅차고 힘들었는데, 생각지도 못한 곳에서 지원받을 수 있어서 감사했다.

겨울에 베란다에 있던 세탁기가 얼어서 고장이 난 적이 있었다. 세탁기를 고쳐 보려고 했지만 돈이 없어서 몇 달 동안 손빨래를 하면서 살았다. 하지만 매일매일 입는 속옷, 양말, 수건 등을 손빨래해야 한다는 것이 정말 힘들었다. 세탁기의 소중함을 새삼 깨달았다. 그래서 가족끼리 모여 세탁기를 고칠 수 있게 해 달라고 하나님께 기도했다. 그런데 어느 날 교회의 한 집사님께서 우리 집 이야기를 들으시고 세탁기를 사 주셨다. 빨래의 노예 생활에서 탈출시켜 주신 집사님에 대한 감사함을 잊을 수 없다.

엄청 더운 여름날이었다. 우리 집은 에어컨이 없어서 선풍기 2대로 5명이 지내야 했다. 여름만 되면 집 안은 항상 찜통이었다. 제발 에어컨이 있었으면 좋겠다고 가족과 이야기한 적이 있었다. 그런데 외삼촌께서 사용하지 않는 에어컨을 설치하여 주셨다. 그때 정말 '하나님이 우리의 기도를 들으시는구나!'라고 느꼈다. 그리고 하나님께 기도할 때마다 교회의 권사님이나 목사님이 우리 가족한테 도움을 주시려고 몇 백만 원씩 주시거나 쌀이나 김치 등 먹을 것을 주신 적도 많았고 어머니 친구가 먹을 것들과 옷들을 사 주시기도 하셨다. 이렇게 우리가 필요하다고 기도하면 생각하지도 못한 방법으로 항상 채워 주셨다.

## 인도해 주심

고등학교 3학년이 되어 대학에 진학할 시기가 왔을 때도 나는 아직 무엇을 해야 할지 잘 몰랐다. 그러던 어느 날 교회에 '평화한국'이라는 단체의 목사님이 오셔서 앞으로 크리스천들이 평화통일을 어떻게 해 나가면 좋을지에 대해 설교하셨다. 설교가 끝나고 직접 독립운동가들의 발자취를 따라가 보고 크리스천이었던 독립운동가들의 어떠한 점을 본받아야 할지 알아가는 평화통일 프로젝트를 한다고 하셨다.

나는 평화통일에도 관심이 있었지만 무엇보다 해외에 간다고 해서 더 관심이 갔다. 관심 있는 다른 친구들은 프로젝트에 참여했지만, 나는 프로젝트를 참여하기 위한 경비가 없어서 고민하고 있을 때 담임 목사님께서 나와 동생의 고민을 아셨는지 평화통일 프로젝트에 함께 참여할 수 있게 지원해 주시겠다고 하셨다. 그렇게 프로젝트에 참여하여 평화통일에 관한 강의를 듣고 사람들과 토론도 하고, 상하이와 블라디보스토크를 직접 방문하여 하나님께서 독립운동가들을 어떻게 인도하셨는지, 그리고 크리스천 독립운동가들이 얼마나 강한 믿음을 갖고 활동하였는지 배울 수 있었다.

독립운동가들은 나라도 없었고, 돈도 없었고, 가진 것이 하나도 없었지만 하나님의 길을 간다는 믿음을 가지고 끝까지 포기하지 않았다. 그때 들었던 찬양이 있다. "나는 깨지기 쉬운 질그릇 같으나 때론 낙심해도 포기하지 않음은 예수의 생명이 내 안에 있기에 나의 약함은 나의 자랑이요, 나의 실패는 나의 간증이요, 나의 가난은 나의 아픔은 나의 영광이니 그 부르심 따라 내가 걸어갑니다." 독립운동가들에게서 배웠던 것처럼 나의 가난과 아픔은 하나님의 자랑이고 간증이니 내가 하나님의 인도함을 따라서 걸어가야겠다고 느꼈다. 그래서 프로젝트 여행에 다녀온 이후로 새벽 예배에 나가 내가 어떠한 길로 가야 할지 알려 달라고 기도했다. 꿈이 없었던 내게 하나님은 결

과로 보여 주셨다. 대학 원서를 쓸 때 가고 싶은 학과가 두 곳이 있었는데, 그 두 곳 중 한 곳만 합격되어서 그 학과에 진학하게 되었다.


## 어떤 가치가 중요한가

나는 이런 경험들을 하면서 관점이 바뀌었다. 예전에는 돈의 가치를 정말 중요하게 여겼던 것 같다. 돈 때문에 하고 싶은 것을 못하는 서러움을 알기에 돈을 많이 버는 것에 가치를 두었다. 하지만 경제적인 어려움을 하나님이 하나하나 해결해 주시는 것을 보면서 돈이 없는 것 때문에 위축될 필요가 없다는 것을 느꼈다.

하나님은 나를 사랑하시기 때문에 돈이 없어도 가고 싶었던 해외도 갈 수 있게 해 주셨고, 정부의 지원과 다양한 도움을 받으며 부족함 없이 안정적으로 생활할 수 있게 해 주셨다. 그리고 하나님이 인도해 주신 길을 통해 경험을 쌓을 수 있었고, 앞으로 내가 겪었던 아픔처럼 어려운 사람들에게 도움을 주는 일을 해야겠다는 목표가 생겼다. 하나님은 내가 생각하지 못했던 방법으로 모든 것을 해결해 주셨다. 그러기에 나는 돈을 좇아가는 삶이 아니라 하나님 안에서 사는 삶이 행복한 삶이라는 것을 알게 되었다.

099

## 세상과 함께

이 글을 쓰면서 제가 어떻게 살아왔는지 돌이켜 봤을 때 하나님이 이렇게 저를 성장시켜 주셨음을 느꼈습니다. 가족 중 누가 수감되어서 일어날 수 있는 경우의 수는 많지만, 모든 경험 하나하나를 통해 배우는 것이 있으리라 믿습니다. 실패했다고 생각해도 괜찮습니다. 그렇지만 '우리는 다시 일어날 수 있다'는 것을 기억했으면 좋겠어요. 앞에서 제가 인용한 찬양 가사처럼 저의 약함은 지금은 약점으로 보일 수 있지만, 이것은 우리의 강점이 될 수도 있는 것입니다. 남들이 겪어 보지 못한 경험을 통해 우리는 무엇이든 배울 수 있기 때문입니다.

남에게 도움을 받는 것에 미안해하지 않았으면 좋겠어요. 도움을 받은 사람들한테 무조건 갚지 않아도 된다고 생각합니다. 도움을 받았던 때의 고마운 마음을 기억하고 나중에 우리처럼 어려운 친구들에게 다시 도움을 주면 됩니다. 모든 상황을 자신이 바꾸려고 하지 않아도 됩니다. 그냥 놓여 있는 상황을 받아들이고 자신이 할 수 있는 것에 집중하기를 바랍니다.

부모님이 아이에게 가르침을 주기 위해서 훈육을 하거나 혼을 내는 것처럼 저는 하나님도 부모님의 마음처럼 우리를 사랑하시기 때문에 우리의 고통을 잘 아시지만 우리가 하나님의 사랑을 깨닫기를 바라셨을 것이라고 생각해요. 그러니 우리에게 어떠한 가르침을 주시는 과정이라 믿습니다. 이것을 꼭 기억했으면 좋겠어요.

"너에게는 절대로 버리지 않으시고 정말로 사랑하시고 모든 것을 해결해 주실 하나님이 항상 함께하시니 두려워할 필요가 없고 작아질 필요가 없다. 어디서나 당당하게 살아갔으면 좋겠다."

## 똑같은 시선으로

아버지께서 교도소에 들어가신 후 어머니는 아무에게도 이 사실을 말하지 말라고 하셨습니다. 모든 소문의 시작은 자기 자신에서부터 시작되기 때문입니다. 저의 말 한마디 실수가 우리 가족의 위협이 될 수 있으니 항상 말조심을 했습니다. 그래서 가족과 관련된 얘기만 나와도 신경이 예민해졌습니다. 저와 오래된 친구나 정말 가까운 사람들에게도 솔직하게 말하지 못했습니다. 계속 이렇게 거짓말을 해야 한다는 사실이 너무 힘들었어요. 그냥 평범한 가정에서 살아가던 한 사람에서 어느 날 갑자기 수용자 자녀가 된 것이고, 이것을 숨겨야만 하는 사람이 된 거예요. 우리가 무엇을 잘못해서 이러한 일이 일어난 것이 아닙니다. 그냥 어쩔 수 없는 일이었어요.

여러분도 수용자 자녀가 되었을 수도 있고, 주위에 이 사실을 말하지 못하고 지낼 수도 있습니다. 그러니 만약 수용자 자녀들을 본다면 너무 나쁜 시선으로 보지 않았으면 좋겠어요. 그저 똑같은 시선으로 바라봐 주었으면 해요. 그들도 원한 것이 아닙니다. 그들이 잘못해서 된 것도 아닙니다. 남들에게 숨겨야만 하는 일도 아닙니다.

# 나는 생존자입니다

한빛(큰 빛, 세상을 이끄는 환한 빛)

## 철창 없는 감옥

아버지에게 여덟 살부터 폭력을 당했다. 아버지는 분노 조절이 불가능하고 폭력적인 사람이었다. 나에게 세상에서 제일 무섭고 두려운 존재는 아버지였다. 18년간을 아버지의 장난감과 화풀이 대상으로 살아왔다. 그렇게 수년간 아버지에게 폭력과 성학대를 당했다.

효자손, 옷걸이, 야구방망이 등 손에 잡히는 물건이라면 모든 나를 위협하는 살인 무기가 되었다. "손 치워. 손 부러지고 싶지 않으면." "울지 마. 울면 죽어." 아버지가 때리려고 할 때면 본능적으로 나를 막았다. "잘못했어요. 다시는 안 그럴게요." 울부짖으며 싹싹 빌었다. 살고 싶었던 어린 내가 할 수 있는 최대의 방어였다. 내가 살았던 반지하는 곰팡이와 습기로 가득 찼고 빛도 잘 들어오지 않는 집이었다. 아버지가 퇴근하고 집 대문을 여는 소리에 심장 박동 수가 크게 요동쳤다. 숨이 멎을 것만 같았다. 발소리를 들으면 긴장되고 나를 또 때리지 않을까 겁이 났다.

중학생이 되면서 성추행과 성희롱이 시작되었다. 시간이 갈수록 아버지의 폭력과 성학대는 점점 심해졌다. 2차 성징이 시작되었고 몸의 변화가 점점 일어난 시기였다. 아버지가 볼일을 보러 화장실에 들어와서는 샤워를 하는 나에게 성추행을 일삼았다. 조롱하고 비웃으며 "야, 너 거기 보여." 내 몸을 만지며 더듬었고 특정 부위를 지칭하며 성적인 발언도 서슴지 않았다. 그 순간에는 내 살점을 도려내고 싶을 만큼 수치스러웠다.

어머니는 결혼 후부터 가정폭력에 시달렸고, 나를 임신했을 때도 아버지의 난폭한 폭력은 계속되었다. 가장 보기 힘들었던 것은 어느 한여름, 발로 밟히고 얼굴을 맞고 머리채를 잡혀서 도망가려는 어머니를 아버지가 도망가지 못하게 붙잡았던 장면이었다. 민소매를 입고 있던 어머니의 옷은 찢어졌다. 입에 담기 힘든 욕설과 그 장면이 너무 잔인해서 차마 볼 수가 없었다. 너무 가혹하고 잔인한 장면이었다. 그 장면을 보는 자체가 어린 나에게는 고문이었다.

아버지가 어머니와 나에게 폭력을 휘두른다는 것을 오래전부터 외가 쪽과 친가 쪽은 잘 알고 있었다. 주말에는 외할머니 댁으로 가서 피신하고는 했었다. 거기가 유일하게 대피할 수 있는 도피처였다. 신고하면 아버지가 나에게 보복할 것을 누구보다 잘 알기에 가족은 신고도 하지 못했다. 그렇게 수년간 철저히 방치되었다.

수년간 학대의 끔찍한 기억들이 유리 조각처럼 머릿속에 산산이 박혀 있다. 아버지의 살기 돋는 눈빛, 때리는 제스처, 맞을 때의 순간, 잘못했다고 애원하는 내 모습, 그 차갑고 무서운 공기가 잊히지 않는다. 조각의 유리는 빼지 못했고 더욱 깊숙이 침투했다. 손과 발로 온몸을 죽도록 맞았을 때 곧 죽을 수도 있겠다고 스스로 직감했다. 죽는다는 느낌이 이런 건가. 시야가 흐려졌고 몸에 힘이 빠져 감각이 없었다. 찬 바닥에서 몸을 떨며 아무 소리도 내지 못한 채 입을 틀어막고 울 수밖에 없었다. 내 몸에는 피멍 자국이 가득했고, 처참했으며 초라했다.

매일매일을 기도했다. 제발 여기서 벗어나게 해 달라고, 누가 나를 좀 구해 달라고, 꺼내 달라고. 하지만 그건 닿을 수 없는 허공의 꿈일 뿐 현실이 되는 건 불가능했다. 그래서 나에게는 절대로 탈출할 수 없는, 살아남을 수 없는 철창 없는 감옥이었다.

## 삶과 죽음의 경계, 죽고 싶었지만 살고 싶었다

초등학교 6학년 때 학교에서 상담을 받았다. 선생님이 어머니에게 정신과 치료를 권유하여 병원을 방문했다. 우울증 고위험도 판정을 받았고 자살 위험도가 높다는 진단을 들었다. 이미 내 상태는 짐작하고 있었으니까 그렇게 놀랍지는 않았다.

"네가 문제야, 우울증? 네가 죽고 싶다고? 자살? 웃기고 있네. 죽어."

진단을 들은 아버지는 나의 병을 정신병이라고 지칭하며 조롱하고 비웃었다. 가슴이 타들어 가는 것 같았고 치욕스러웠다. PTSD(외상 후 스트레스 장애)도 생겼다. 아버지의 성희롱과 성추행으로 남자에 대한 기피증과 트라우마가 생겼다. 3년 전만 해도, 남자와 눈을 마주치는 것조차 어렵고 몸이 닿으면 극도로 예민해지고, 심지어 손이 떨릴 때도 있었다. 지금도 특정 장소, 시간, 연도, 계절, 비슷한 물건을 보거나 만지면 다시 그 사건을 재경험하는 것 같은 고통을 느낀다. 아버지에게 맞을 때 과거의 장면이 눈앞에 펼쳐지는 것 같은 착각을 일으킨다. 마치 내 안에 다른 자아가 있는 것 같은 느낌과 정체성에 혼란이 왔다. 수년간의 세월이 흘렀는데도 마치 사진이 찍힌 것처럼 고스란히 모든 기억이 내 머릿속을 떠나지 않는다. 사실, 초·중·고 시절 모두 왕따와 따돌림을 당해서 트라우마가 더욱 극심할 수밖에 없었다.

그렇게 과거의 일들로 나는 수많은 자해와 자살 시도를 했다. 중학생 때부터 그 시도를 여러 번 반복했었고 손목을 긋는 것이 가감 없었다. 쓰라리고 아팠지만, 피가 흐르니까 왠지 모르는 쾌감이 들었고 살아 있다는 사실을 자각했다. 자해하면 마음이 편해졌고 그 느낌이 나쁘지 않았다. 자해 충동을 억제하는 게 어려웠지만, 혹시 주변인들에게 들킬까 봐 몸을 때리거나 머리를 박는 것으로 자해를 대신할 때도 있었다. 삶과 죽음을 동시에 경험한 나는 죽는다는 것이 그리 두렵지 않았다.

가장 힘들었던 2018년에도 자살을 시도했다. 그 당시에는 정말 죽고 싶었고 죽음을 간절히 원했으니까. 그래서 죽는 방법에 대해 구체적으로 계획했고 실행했다. 죽는 것에 대한 공포감이나 두려움도 크게 없었다. 끈으로 목을 매었을 때 숨을 못 쉬어 고통스러웠지만, 이 고통에서 벗어나고 싶었기에 더 강하게 조였다. 숨이 끊어지기 직전 아버지에게 맞았던 순간들이 떠올랐다. 끈을 더 조여서 숨통이 끊어지게 할 수 있었지만 더 시도할 수 없었다. 기침이 계속 나왔고 목이 끊어질 것처럼 아팠다. 내 처지가 서글프고 괴로워 울부짖었다. 그때의 감정과 생각은 아직도 생생하기만 하다. 성인이 된 후에도 여러 번 자살 시도를 했지만 '세움'의 선생님, 친구, 언니, 오빠, 동생들이 떠올라 도저히 죽을 수 없었다. 죽고 싶지 않았다. 죽음의 고통이 두려운 것보다 나에게 전부인 그들을 다시는 볼 수 없

다는 사실이 가장 슬펐고 살을 도려내는 것 같은 고통이었다. 난 되돌릴 수 없을 만큼 망가졌고 만신창이가 되었다고 생각했다. 차라리 죽을병에 걸리거나 사고라도 나면 좋겠다는 생각이 수천 번, 수만 번 들었다.

솔직히 말해서 죽고 싶었지만 마음 깊은 곳에서는 살고 싶었다. 그 누구에게도 말하지 않았는데, 조금은 살고 싶다는 생각이 들었다. 이게 내 진짜 속마음이었다는 것을 이제 깨달았다. 어쩌면 세상은 정상인데, 난 비정상이라고 느껴졌다. 시도 때도 없이 나를 괴롭히는 우울, 불안, 공황발작, 공허함이 가득했다. 왜 살아야 하는지, 왜 나를 아무도 사랑해 주지 않는지, 왜 나에게 이런 일이 일어났는지, 당신들이 왜 내 부모인지 비통하고 고통스러워서 죽고 싶었다. 매 순간이 절망적이었고 비굴하고 비참했다. 벼랑 끝에 겨우 두 손으로 위태롭게 매달려 있는 것 같았다. 손을 놓는 순간 죽음이니까. 그 당시, 위기에 놓여 있던 날 구해 주는 구원의 동아줄은 없었다. 그건 드라마 속의 판타지일 뿐이었다.

## 재앙의 시작

2018년 4월 말 어느 화요일, 내 인생에서 재앙이 시작되었다. 드라마나 영화에서 봐왔던 일이 나에게 닥칠 거라고는 전혀 예상하지 못했다. 그 사건이 나를 벼랑 끝으로 몰 거라고는.

고등학교 2학년 때 상담 선생님한테 아버지가 나에게 한 일에 대해 털어놓으며 죽고 싶다는 말만 반복했다. 평소와 같이 학교를 조퇴하고 상담하러 갔는데 분위기가 왠지 모르게 다른 때와 사뭇 달랐다. 상담 선생님은 어렵게 입을 떼셨다.

"한빛아, 미안해. 사실은 너희 아버지를 아동보호전문기관에 신고했어."

"네? 뭐라고요? 그게 무슨……."

상담 선생님의 말씀을 듣는 순간, 심장은 미친 듯이 쿵쾅거렸고 온 세상이 와르르 무너지는 것 같은 기분이었다. 수치로 잴 수 없는 극도의 불안함과 공포감이 몰려왔다. 상담 선생님께 제발 신고하지 말아 달라고 간곡히 부탁했지만 더 지켜볼 수 없어서 신고했다고 하셨다. 신고를 한 결정적인 이유는 지속적인 성추행과 성희롱 때문이었다.

"한빛아, 아동보호전문기관 선생님들이 오셨어. 면담해 봐."

여자 선생님과 남자 선생님이 아버지에 대해 이것저것 물어보는 순간 손은 떨리고 몸은 경직되었다. 마음 깊숙이 억지로 구겨 넣었던 과거의 기억들이 다시 스멀스멀 올라왔다. 아버지와 즉시 격리되어야 한다고 했고, 선생님들과 쉼터로 이동했다. 학교는 며칠간 결석하였고, 쉼터에서 오롯이 혼자서 이 상황을 견뎌야만 했다. 이날이 오지 않기를 바라고 또 바랐는데 아버지가 자신이 신고되었다는 사실을 알게 되었다.

"걔, 어딨어! 죽여 버릴 거야. 당장 끌고 와."

아버지가 날 죽여 버리겠다고 한 말을 전해 듣는 순간, 자살 충동을 느꼈고, 죽을 것 같아 숨이 턱턱 막혔다. '날 죽이면 어떡하지?'라는 생각과 도살장에 끌려가는 것 같은 기분을 떨칠 수 없었다. 얼마 후, 나도 경찰서에 피해자로 진술을 하러 출석했다. 이모와 삼촌이 보호자로 동행하였다. 드라마에서 본 것 같은 진술하는 공간에서 형사님과 마주 보고 앉아 질문에 대답하였고 몇 시간의 진술을 어렵게 마쳤다. 아버지도 피의자로 경찰서에서 조사를 받았다. 그 이후, 아버지에게는 한 달 동안 나에게 다가오지 못하도록 접근 금지 명령이 신청되었고 구속되었다.

1년 동안 4번의 재판이 진행되었다. 그동안 아버지는 구치소에서 복역 중이었고, 난 어머니, 남동생과 함께 지냈다. 아버지가 선처해 달라는 편지를 몇 번 내게 보내왔다. 하지만 한 번도 열어 보지 않았고 읽어 보지도 않았다. 가족은 면회하러 갔지만 난 피해자였기에 면회조차 가지 않았다. 아버지 얼굴을 보는 것조차 두렵고 날 학대한 아버지를 보는 것은 너무 힘들었기 때문이다. 나에게 선처를 바란다는 것 자체가 아버지는 변하지 않는 사람이란 걸 더욱 느꼈다. 법원과 검찰을 수시로 드나들며 담당 국선 변호사님과 검사님을 면담하였다. 수만 가지의 기억이 얽혀 있는 탓에 혼동이 와서 진술이 바뀌었고, 그때마다 검사님은 "진술이 자꾸 뒤죽박죽 바뀌면 한빛 씨한테 불리해요."라며 딱딱한 말투로 강하게 몰아붙였다. 큰 건물들, 변호사님과 검사님의 발걸음조차도 어렸던 나에게는 압박과 공포였다.

　마지막 재판을 앞두고 판사님이 나를 직접 보고 싶다 하셔서 법원을 방문했다. "아버지를 정말 용서할 수 있어? 괜찮아, 솔직하게 말해야 해." 판사님의 말에 용서하고 싶지 않다고 말하고 싶은 마음이 굴뚝같았다. 솔직하게 말하고 싶은 갈등에 마음이 요동치고 흔들렸다. 하지만 외가 쪽과 어머니는 절대 솔직하게 말하지 말고 연기하라고 시켰다. 외가 쪽은 경제적인 어려움이 크기에 어머니를 봐서 아버지를 빨리 구치소에서 빼내야 한다고 압박했다. 피해자인 나를 생각하는 가족은 아무도 없었다. 희생양이 되라는 것이었다. 결국 판사님한테 아버지를 용서하고 싶고 우리 가족과 행복하게 살고 싶다고 거짓말하였다. 그나마 믿었던 외가 쪽도 어머니, 친가 쪽과 다를 바가 없는 가해자였다.

　최악으로 내 생일 날 마지막 재판이 열렸다. 이 정도면 피를 말리려고 작정한 건가, 모두 나를 시험하는 건가 싶었다. 내가 태어난 날은 가장 불행한 날이 되었다. 검찰은 징역 5년을 구형했지만, 아동학대, 성학대 사건이 의뢰되더라도 집행 유예로 거의 풀려나기에 변호사님은 아버지가 실형을 선고받을 가능성은 희박하다고 말했다. 결국 법원은 초범이란 이유로 집행 유예를 최종 선고하였고, 아버지는 풀려났다. 예상했던 일이었지만 그 허탈함과 상실감은 나를 비참하게 만들었고 옥죄어 왔다.

어머니를 진심으로 이해하려 노력했다. 어머니도 가정폭력 피해자였고 얼마나 불행한 삶을 살아왔는지 옆에서 다 지켜봤으니까 불쌍했다. 아버지를 구치소에서 빼내라는 협박과 주먹을 휘두를 때도, 탄원서를 강요했을 때도 어머니의 입장을 생각하고 또 생각했다. 언젠가는 내 편을 들어주지 않을까 싶었지만 역시나 그건 바보 같은 망상이었고, 내가 알던 예전 어머니의 모습은 그 어디에도 찾아볼 수 없었다.

"네가 무슨 피해자야?"

"네가 원인 제공을 한 거야."

"네가 내 인생을 망쳤어."

"널 낳아 주고 키워 준 부모를 감방에 넣어?"

"너 같은 게 왜 태어나서……. 넌 태어나지 말았어야 해."

어머니와 친가 쪽은 나에게 끊임없이 2차 가해를 했다. 입에 차마 담을 수 없는 잔인한 말들을 쏟아 냈다. 그 비난은 나에게 지울 수 없는 상처가 되어 수백 번, 수천 번의 칼이 날 내리꽂았다. 평생 지울 수 없고 지워지지도 않는 그런 화상, 잊고 싶어도 잊을 수 없고 뇌리와 가슴에 박힌 채 살아야만 하는 그런 흉터로 남았다. 그나마 외가 쪽은 친가 쪽과는 다를 거라고 생각했는데 그건 내 착각이었다. 아버지가 외할머니 댁을 가도 막지 않고, 직접 오라고 연락할 때도 있다. 그런 외가 쪽을 이해할 수 없었고 똑같은 가해자라는 생각밖에 들지 않았다. 2019년, 아버지가 외할머니 댁에 온 날 마주친 적이 있었다. 나에게 손찌

검을 하려고 한 것을 가족 누구도 막지 않았고 오히려 나에게
소리를 지르고 2차 가해를 하는 말뿐이었다. 뛰어내리고 싶은
자살충동에 뛰쳐나왔지만 도망칠 곳이 없었다. 그렇게 누구도
나를 구해 주지 않았으며 방치했다. 그리고 나를 철저히 외면
했다. 자식에게 가장 절대적인 부모라는 존재가 나에게는 혐오
와 증오로 가득 차게 된 존재가 되었다. 평생 영원히 용서하지
못할 것 같다. 용서하고 싶은 마음도 없다. 이런 마음은 돌이킬
수 없게 된 것 같다.

2018년은 내 인생에서 가장 불행하고 힘들었던 순간이었다.
다시는 겪고 싶지 않은 악몽이다. 그 순간이 나에게는 지옥 같
은 나날이었고 1분 1초가 1년처럼 느껴졌던 시간이었다.


## 작은 한빛의 SOS

가끔 이런 생각이 든다. 그때 상담 선생님이 신고하지 않았
다면, 세움을 알게 되지 못했다면 지금쯤 난 어떻게 되었을까?
더 심한 일을 당하지 않았을까? 친족 간 일어난 성폭행의 피해
자로 뉴스에 보도되었을까? 아마 이 세상에 존재하지 않는 사
람이지 않을까 싶다.

이 고통의 끝은 있는 걸까요. 살려 주세요. 제발 살려 주세요. 너

무 무서워요. 이 지옥에서 구해 주세요. 죽을 것 같아요. 더 못 버티겠어요. 여기서 벗어나게 해 주세요. 이제는 한계를 넘어섰어요. 이렇게 힘들고 각박한 세상에서 살아가는 것 못하겠어요. 그만둘래요. 고통스러워요.

수십 년간 마음속에 숨겨 두었던 SOS, 정말 목소리 내고 싶었던 구조 신호이자 나의 진짜 속마음이다. 삶을 포기하고 싶어지는 순간이 지금도 수천 번, 수만 번의 생각이 든다. 그때마다 주변 사람들에게 이 말을 내뱉고 싶지만 차마 할 수 없는 말이다. 목구멍까지 올라오는 이 말을 도저히 할 수 없다. 이 말을 하는 순간 정말 나 자신을 포기하게 될 것 같아서 하지 못한다. 그리고 사람들이 나를 싫어할까 봐, 나에게 지칠까 봐, 버림받을까 봐 차마 하지 못했다. 내 곁에는 아무도 남지 않을 것 같아서…….

## 사랑의 결핍

"사랑받기 위해서는 무엇을 해야 할까? 어떻게 해야 사랑받고 인정받을 수 있을까?" 사실은 미치도록, 넘치도록 사랑받고 싶었다. 나를 사랑해 달라고, 관심 좀 달라고 말하고 싶었다. 왜 아무도 날 사랑해 주지 않는지 원망했고 사랑을 갈망했다.

06 나는 생존자입니다

누군가 날 필요로 해 주기를 바랐다. 누군가에게 소중한 존재가 되고 싶었고 없으면 안 되는 절대적인 존재가 되고 싶었다. 솔직히 사랑에 목이 말랐다. 뒤늦게 찾아온 목마름이었다. 그 갈증을 수년간 잘 참아 왔었다. 하지만 수년간 사랑받지 못한 외로움을 끌어안은 채 살아왔기에 언제 터질지 모르는 시한폭탄이었다. 어떻게 보면 터지지 않는 것이 이상했다.

대학교에 입학 후, 전공 분야의 일을 하며 커리어를 쌓고 나 자신을 개발하는 데 힘을 쏟았다. 밤낮없이 쉬지 않고 일만 하였고, 학교 대표뿐만 아니라 각종 대표와 리더의 역할도 맡았다. 대표의 역할을 했던 가장 큰 이유도 사람들의 관심을 받을 수 있고 칭찬을 받기 위해서였다. 오직 하고 싶다는 마음뿐만 아니라 이런 욕망과 욕심이 점점 커졌다. 어떻게든 좋은 대표라는 타이틀을 얻고 싶었고 성과를 내고 평가를 잘 받기 위해서 죽도록 노력했다. 내가 한 일에 대해 인정받을 때면 너무나도 행복했고 내가 살아 있다는 느낌을 받았다. 이 기분은 어떤 표현으로도 대체할 수 없을 만큼 기뻤고 뿌듯했다. 그래서 인정받는 것에 목숨을 걸 수밖에 없었다. 반면, 그러지 못할 때는 극심한 자살충동과 자괴감, 박탈감, 비참함, 허무함, 상실감 같은 감정을 느꼈고, 나 자신을 용서할 수 없었다. 이러한 감정의 반복으로 나를 점점 망가트렸다.

사람들과 함께 있을 때도 늘 혼자 있는 것만 같고, 지독하게 외로웠다. 사랑받기 위해서는 나에게 선택지가 없었다. 성향과 성격을 좋게 바꾸고 능력으로 인정받으면 뒤틀린 결핍을 채울 수 있을 것으로 생각했다. 하지만 그건 채우려 해도 채울 수 없는 영역이었고 채워지지 않는다는 사실을 그때에는 깨닫지 못했다. 애정, 애착, 교감, 사랑, 관심 등 이런 단어를 들을수록 세상과 단절된 느낌이고 나와는 다른 세계인 것 같았다. 사랑받지 못한 것이 티가 날까 봐 나를 포장하는 것에 급급했다. 사랑받을 수만 있다면 동정심이나 연민 따위도 괜찮다고 생각했기 때문에 감추고 또 감추며 평범한 가정에서 태어난 척 연기하며 나를 거짓으로 꾸며 냈다.

## 아직 털어놓지 못한 비밀

나도 아버지와 같은 괴물이 될까 봐 너무나도 두렵다. 결혼하게 된다면 아버지와 같은 배우자를 만나게 될까 봐, 무엇보다 자식에게 대물림이 될까 봐, 친가 쪽, 외가 쪽 모두 폭력적인 집안이었기에 또 다른 괴물을 낳는 악순환이 될까 봐 불안하다. 주변인들은 이런 나의 가정사와 과거를 알지 못한다. 나의 병마저도. 세상에 알려질까 봐 하루하루가 불안하기만 하다. 나의 과거가 밝혀지는 순간 나를 탐탁지 않게 여겼던 이들은 나의 과거를 약점으로 잡고 이를 이용하고 퍼트리고 다닐 것 같아서, 내 불행이 웃음거리가 될 것 같아서 말이다. 이 글을 주변인들에게 보여 줄 수 있을까, 어떤 반응일까. 이따금 털어놓는 상황을 상상해 보고는 한다. 사실 나는 너무 힘들었다고, 외로웠다고, 죽고 싶었다고, 괜찮은 척했다고, 아무나 붙잡고 살려 달라고 말하고 싶었다고 솔직하게 털어놓고 싶다. 하지만 약점이 될까 두려워서 차마 꺼낼 수 없었다고. 아버지를 구치소에 보낸 '패륜아'라는 수식어가 평생의 꼬리표가 될 것 같아서. 언젠가는 용기 내서 말해 보고 싶다. 시간이 걸리겠지만 당당하게 나를 있는 그대로 드러내 볼 것이다.

## 구원의 손길

2018년, 수용자 자녀를 돕는 아동복지실천회 '세움'에 나의 아동학대, 성학대 피해 사건이 의뢰되었다. 담당 형사님은 나를 위해 지원받을 수 있는 기관을 찾으시다가 세움을 알게 되셨다. 그리고 세움에 연락하여 적극적으로 도와달라고 하셨다는 이야기를 듣고 감사함에 울컥하였다. 나를 위해 뛰어다니며 사명을 다하셨다는 얘기를 전해 듣고 감정이 북받쳤다. 형사님이 여러 기관을 알아보고 찾아보지 않았다면 세움을 만날 수 없었기 때문에 어떤 말로도 부족할 만큼 감사했다. 또 마지막 재판 전에 만났던 판사님은 『미움받을 용기』라는 책을 선물해 주셨다. 형사님과 판사님 덕분에 외면하지 않는 어른도 있다는

120

사실이 나를 눈물짓게 했다. 좋은 어른도 있다는 것을 새삼 알게 되었기 때문이다.

세움에서 경제적 지원뿐만 아니라 상담, 생활용품 등을 지원받으며 지낼 수 있었다. 세움과의 첫 만남은 2019년, 청소년 동아리 활동이었고 그때 인연이 시작되었다. 8월 말, 우리는 몽골로 해외여행을 떠났고 마지막 날 밤에 대표님, 선생님들과 함께 모두 둘러앉아 이야기를 나누었다. 그 당시 봉사자 오빠가 나의 이야기를 꺼내고 싶어 한다는 것을 알아채고 먼저 용기를 내어 자신의 이야기를 시작하였다.

오빠는 세움을 언제 알게 되었고, 어떻게 수용자 자녀가 되었는지 말해 주었다. 오빠의 표정은 울컥함과 마음 한쪽에 올라오는 감정들이 솟구치는 것처럼 느껴졌다. 그다음으로 내 얘기를 꺼내려니 막상 입이 떨어지지 않았다. 털어놓고 싶은 마음이 굴뚝같았는데 5분간 아무 말도 하지 못하고 눈물이 한가득 차올라 북받쳤다. 하지만 '수용자 자녀'라는 공통점이 있어 왠지 모르게 안심이 되었다. 모두가 나의 이야기를 경청하며 한마음으로 위로해 주었다. "괜찮아."라고 하며 토닥여 주었고, 그들의 침묵과 따뜻함이 나를 안아 주었다. 나의 아픔을 누구에게도 말하지 못하였기에 처음에는 굉장히 두려웠고 나를 이상하게 생각하지는 않을지 너무 걱정되었다. 하지만 거기에 있는 그 누구도 나를 이상하게 보지 않았으며 진심으로 공감해 주고 따뜻하게 감싸 주었다. 그래서 그날은 내 인생이 뒤바뀌는 계기가 되었다.

나를 변화하게 만든 세움
나를 일으켜 준 세움
나를 살려 준 세움
나의 유일한 친구였던 세움
나의 버팀목이었던 세움

세움이 그동안 주셨던 응원, 칭찬, 축하 등 난생처음 들어보는 말과 처음 느껴보는 따뜻함이었다. 사랑받는다는 것이 어떤 것인지 아직 잘 모르겠지만, 마음이 안정되고 든든하고 기분이 좋다. 귀염을 받는다는 것이 이런 거구나 싶었다. 사랑받지 못했던 나에게 이런 감정을 알게 해 준 세움에 감사할 뿐이다. 세움을 알게 된 건 큰 축복이었다. 세움을 만난 건 살면서 처음으로 행복했던 순간이자 가장 행복했던 순간이 되었다. 그들을 만난 순간부터 세움은 내 인생의 전환점이 되었다.

## 화양연화의 시작

성인이 되었지만 사실, 난 아직 진행형이다. 그렇지만 조금씩 나아지면서 살아가려고 나 자신과 끊임없이 사투 중이다.

가장 힘들었던 고등학교 때, 간절히 하고 싶은 꿈을 포기하고 싶지 않았기에 그런 힘든 상황에도 불구하고 수시를 악착같이 준비했다. 1순위인 대학교에 합격하였을 때 주저앉아 오열했었다. '나 정말 성인이야?' '나 정말 대학생이야?'를 계속 되물으며 생존해 있다는 사실이 믿기지 않았다.

스물두 살이 된 나는 사회인이 되었다. 이제는 나 자신에게 "대견해." "그동안 많이 힘들었지." "정말 고생 많았어." "그 힘든 순간들을 버텨 낸 네가 자랑스러워."라고 말해 주고, 나 자신을 위로해 줄 수 있게 되었다. 사실, 이런 생각과 마음을 가지게 된 건 불과 반년밖에 되지 않았다. 나에게는 있을 수 없는 불가능한 일이라고 생각했다. 평생 나아질 수 없을 것으로 생각했는데 그건 섣부른 단정이었다.

열아홉 살부터 트라우마 센터를 다니고 있다. 트라우마로 인해 평소 블랙아웃 상태가 되면 통제력을 잃고 감정을 컨트롤하는 것이 굉장히 어려웠다. 변증법 행동 치료 기술을 쓰면서 신기하게도 스스로 조금씩 감정을 컨트롤할 수 있게 되었다. 이제는 상담과 치료를 병행하면서 점점 나아가고 있다. 어릴 적부터 수많은 상담을 받고 약을 먹었지만 효과가 없었다. 지금은 한 단계씩 효과를 보는 중이다. 단순한 기적인지 아니면 우연의 일치인지 알 수 없지만, 내 노력으로 인한 기적이라고 생각한다. 그냥 일어난 기적은 전혀 아니다. 그저 기적이라고만 말하기에는 내가 노력한 게 아닌 게 되니까. 소심하고 항상 어둡고 기죽어 있던 내가 4년 전과는 비교도 안 될 만큼 밝아졌고 웃음이 많아졌다. 타인에게 먼저 다가갈 수도 있고, 때로는 눈물을 흘릴 정도로 행복을 느낄 수 있는 사람도 되었다. 학대를 받아 온몸에 멍 자국이 가득한 그 어린 꼬맹이가 이렇게 달라졌다면 여러분은 이 사실이 믿어지는가. 얼마나 넘어지고 망가지는 것을 수없이 반복하며 여기까지 왔는지 스스로 잘 알기에 그런 내가 안쓰럽지만, 이제는 자랑스럽고 대견하다고 느낀다. 4년 만에 이렇게 변화될 수 있다는 것이 너무나도 놀라웠다. 이렇게 변화될 수 있었던 건 나의 노력과 세움이 곁에 있었기에 가능했다. 그 두 가지 이유로 충분히 설명된다고 생각한다. 이 정도면 이제는 나도 행복해질 자격이 있지 않나 싶다.

나에게 부모의 존재가 가장 큰 고통이었다. 사실 혈육이란 것은 변하지 않는다. 부정할 수 없는 사실이라는 걸 안다. 그러나 내가 학대받았다는 이유만으로, 그들이 내 부모라는 이유로 평생을 사랑받지 못하고 고통스러워하며 살아야 하는 것은 아니다.

어린 시절 아픈 일을 겪었지만, 그 순간들을 버텨 냈다고, 극복해 냈다고, 이겨 냈다고 세상에 보여 주고 싶다. 지금 와서 포기하기에는 그동안 버텨 왔던 순간들이 너무나도 아까우니까. 얼마나 힘들게 견뎌 왔는데 그깟 가해자들 때문에 피해자인 내가 왜 삶을 포기해야 하는가. 이대로 죽는다면 너무 억울하다 못해 분하다. 세상에 수많은 아동학대, 성학대 가해자들

에게 증명해 내고 싶다. 건강한 어른으로, 좋은 어른으로 잘 성장했다는 것을 반드시 보여 줄 것이다. 그리고 세움에 도움을 받았을 때처럼 나와 같은 피해자들에게 손을 내밀 수 있는 어른이 될 것이다. 이제는 내가 피해자들의 목소리에 귀 기울일 차례다. 숨소리조차 못 냈던 어린 한빛이 아니다. 부모와 연을 끊는 과정, 독립하는 과정 등 아직 내가 넘어야 하는 고난이 많다. 두려움이 몰려오지만, 트라우마와 병으로 포기하고 싶은 순간들이 불쑥 찾아오지만 극복해 나아갈 것이다. 그리고 그들에게서 벗어날 것이다. 내 소중한 꿈, 목표를 이대로 포기하고 싶지는 않다. 그 누구도 날 깎아내리지 못하게, 비난하지 못하게, 비웃지 못하게 성공할 거라고 매일 가슴 깊이 다짐한다. 내 인생은 스스로 만들어 나아갈 것이라고 말이다. 얼마나 강한 사람인지 지켜보라고 말할 것이다.

지금까지 내 삶에서 가장 행복한 순간은 열아홉 살, 스무 살, 스물한 살이다. 가장 눈부시게 빛났던 순간이자 가장 나다울 수 있고, 가장 큰 변화가 생긴 순간이다. 가장 예쁘다고 하는 순간을 눈부시게 보낼 수 있어 감사하고 정말 행복했다. 세움뿐만 아니라 나를 응원해 주고 격려해 주는 좋은 인연들이 정말 많이 생겼다. 세움과 그들이 있었기에 버틸 수 있었고 여기까지 올 수 있었다.

깨달은 것은 과거와 현재에 무너지는 나도 '나'이고, 행복해 하는 나도 '나'라는 것이다. 나의 가치는 그 누구도 훼손할 수 없으며, 한빛이라는 사람의 가치는 결코 변할 수 없는 것이다. 내가 지금까지 살아 있다는 건 죽을 만큼 노력했다는 증거다. 또 하나 확실한 건, 나아지기 위해 치료와 상담을 받는 무수한 노력을 했다는 것이다. 그리고 무엇보다 현재에 생존해 있는 것, 그것이 나의 가장 큰 노력의 반증이다.

분명한 건, 나아지기 위해, 살아가기 위해 피나는 노력을 했다는 것이다. 이것은 변하지 않는 사실이다. 내 삶에 진심이었고 열정적이었으며 최선을 다했다. 그래서 지금까지 버텨 온 것을 후회하지 않는다. "나, 너무 행복해!"라는 말을 표현할 수 있다는 게 얼마나 감사하고 벅찬 일인지! 맞다. 나 지금 미치도록 행복하다. 그렇기에 내 인생은 지금 화양연화다.


## 끝맺음

한때 나는 수용자 자녀였다. 그리고 아동학대, 성학대 생존자다. 하지만 수용자 자녀이기 전에 그리고 아동학대, 성학대 생존자이기 전에 꿈과 하고 싶은 일이 많은 열정 있는 소녀이고, 자신의 삶을 열심히 살아가는 사람일 뿐이다. 또 감정이 있는 사람이며, 하고 싶은 것, 좋아하는 것, 이루고 싶은 꿈과 목표가 있는 인간일 뿐이다.

웃음이 날 때 웃고, 행복할 때 행복을 느끼고, 화가 날 때 화내고, 슬플 때 슬프며, 울고 싶을 때 울 수 있는 평범한 사람이고 싶다. 사랑을 주고받는 방법이 어떤 것인지 아직 잘 모르겠다. 하지만 나를 토닥여 주는 것, 나를 위로해 주는 것, 나를 비난하지 않는 것, 나의 마음을 알아주는 것을 이제는 할 수 있다.

여러분은 누군가에게 삶을 살아가는 이유이고, 살아갈 버팀목이며, 소중한 존재이고, 세상의 빛이며, 산소 같은 존재이자 없어서는 안 되는 존재다. 여러분의 존재가 누군가에게는 기적이기에 우리 함께 살아가 보자. 더불어 세상에 수많은 아동학대, 성학대의 피해자와 수용자 자녀가 안전하게 보호받고 사랑받을 수 있는 세상이 오기를 간절히 기도한다.

## 세상과 함께

### 살아 있어 줘서 고마워

저는 수용자 자녀의 정체성과 친족 간 일어난 아동학대, 성학대 피해자의 정체성 이 두 가지를 가지고 있어요. 늘 이 정체성에 대한 죄책감과 자괴감을 가지고 살아왔어요. 그래서 이 글을 쓰면서 정체성에 대한 혼란으로 어떤 입장에서 이야기를 해야 할까 참 고민이 많았고 막막했어요. 친족 간의 가해자와 피해자가 존재하는 경우가 굉장히 많다는 것을 알고 이 부분에 대해서 이야기해 보려고 해요.

뉴스와 신문기사에 드러나는 것 이외에 세상에 드러나지 않은 아동학대, 성학대 피해자가 정말 많아요. 아동학대, 성학대의 피해자가 주변에 있거나 목격했다면 신고해 주세요. 지나치지 말고 용기를 내 주세요. 피해자들은 받지 못한 사랑과 관심이 무척 고플 거예요. 누군가 자신을 구해 주기를 간절히 바라고 있을 거예요. 그들의 손을 잡아 주세요. 여러분이 그들에게 손을 내미는 순간 한 사람의 인생을 살린 거라고 생각해요. 상황이 100% 나아질 수 있다고 확신할 수 없지만 적어도 그들의 불행이 지속되지 않을 가능성이 높아져요. 그리고 그들의 고통을 덜어 줄 수 있어요.

여러분의 관심이 조금씩 모인다면 수많은 아이를 살릴 수 있어요. 그 아이들의 잘못이 아니기에 피해자를 탓하지 말아 주세요. 부모를 선택하고 싶어서 선택한 것이 아니고 태어나고 싶어서 태어난 것이 아니에요. 이 글을 읽고 있는 여러분이 부모라면 자녀와 다를 바가 없는 아이예요. 그리고 어른은 아이를 보호해야 할 책임과 의무가 있잖아요. 피해 대상이 여러분의 가족이 될 수도, 친구가 될 수도, 연인이 될 수도, 사랑하는 사람이 될 수도 있어요. 그러니까 아동학대와 성학대 피해자를 외면하지 말아 주세요.

저는 "살아 있어 줘서 고마워."라는 말을 가장 듣고 싶었어요. 여러분이 손 내민 그 아이에게 말해 주세요. 정말 잘 버텨 왔다고, 잘 견뎌 줘서 너무 고맙다고 말이에요. 피해자이기 전에 우리는 하나의 인격체이자 생명체예요. 아동학대, 성학대 피해자이기 전에 우리를 하나의 인격체로 봐 주세요. 그리고 지금도 세상 어딘가에 존재하고 있을 피해 아이들이 이제는 더는 아프지 않도록, 넘치게 사랑받을 수 있도록, 건강하게 잘 자랄 수 있도록 지켜 주세요.

제 이야기가 여러분에게 진심으로 전달되었으면 좋겠어요. 아동학대, 성학대 피해자를 생각해 볼 수 있는 글이기를 바라요. 여러분의 마음을 울렸다면, 마음이 움직였다면 그것만으로도 너무 감사해요.

### 아동학대, 성학대로 인해 생을 마감한 이들에게

세상에 저와 같은 삶을 살다가 아동학대, 성학대로 인해 생을 마감한 이들에게 꼭 전하고 싶은 말이 있어요.

저만 살아남아서 미안해요. 여러분이 살아 있었다면 귀여운 초등학생일 수도, 장난기 많은 중학생일 수도, 한참 입시를 준비하는 고등학생일 수도, 풋풋한 대학생일 수도 있겠네요. 어쩌면 사회생활도 하고 평범한 어른으로 성장했겠죠. 그 과정을 함께할 수 없는 것이 안타깝기만 해요. 그래서 수많은 생존자와 피해를 당하고 있을 이들을 위해 무엇을 할 수 있을까 늘 고민했어요. 앞으로 저는 '세움'처럼 수용자 자녀를 만나는 일과 아동학대와 성학대 피해자를 만나는 일에 함께 동참할 거예요. 또 하나의 제 꿈이 되었거든요.

여러분을 잊지 않을게요. 기억할게요. 지금까지 잘 버텨 왔던 것처럼 하루하루를 소중하고 귀하게 살아갈게요. 최선을 다해서 있는 힘껏 여러분의 몫까지 열심히 살아갈게요. 약속할게요. 꼭 지켜봐 줘요.

### 이야기의 결말은 아직 정해지지 않았다

여러분은 어떤 사람인가요? 무엇을 좋아하고 성격은 어때요? 이름은 뭐예요? 나이는 몇 살이에요? 모든 게 궁금해요. 왜냐고요? 이 글을 읽고 있고 공감한다면 저와 같은 피해자이니까요. 그래서 알고 싶어요. 안아 주고 싶고 토닥토닥 위로해 주고 싶어서요. 어떤 삶을 살아왔는지, 지금은 어떻게 살고 있는지, 어떤 마음으로 버텨 왔는지 듣고 싶어요. 하지만 여러분의 존재를 알 수 없어 안타깝기에 이 글이라도 여러분에게 와닿았으면 좋겠어요.

세상에서 태어나 누군가의 이름으로 불린다는 건 기적이라고 생각해요. 세상에 같은 이름은 있어도 여러분과 같은 감정이나 생각으로 인생을 살아온 존재 자체는 여러분뿐이니까요. 여러분이 누군지 몰라도 이 글을 읽고 있다면 살아 있는 거잖아요. 이렇게 숨을 쉬고 살아 있어 줘서 고마워요.

살아 있다는 사실이 얼마나 기적 같은 일인가요. 여러분이 견뎌 내고 있다는 사실이 무척이나 대견하고 자랑스러워요. 여러분의 고통이 얼마나 클지 감히 가늠할 수 없어요. 여러분이 그런 일을 겪은 것은 자신의 잘못이 아니에요. 잘못이 아니니까 우리는 여러분을 비난하지 않아요. 그 누구도 여러분을 비난해서도 안 되고 그럴 자격도 없어요.

얼마나 벗어나고 싶었나요? 죽고 싶다는 말 뒤에 얼마나 살고 싶었나요? 혼자서 얼마나 많은 눈물을 흘렸나요? 지금까지 버텨 온 건 누군가 여러분을 구해 주기를 기대해서 그런 거잖아요. 혹시나 여기서 꺼내 줄까 싶어 어떻게든 버텨 왔잖아요. 험악하고 거지 같은 이 세상에서 어떻게 살아 가냐고 묻고 싶은 거죠. 무슨 말인지 알아요. 하지만 저를 봐요. 저는 견뎌 냈어요. 저 살아 있잖아요. 그러니까 여러분도 할 수 있어요. 아직 여러분의 이야기를 펼쳐 보지도 않았잖아요. 지금 포기하기에는 여러분이 버텨 온 순간들이 너무 아까워요. 무너져도 괜찮아요. 다만, 포기하지는 말아 줘요. 여러분의 이야기를 펼쳐 봐야죠. 시작은 해 봐야죠! 여러분의 이야기 결말은 아직 정해지지 않았어요.

더 이상 아프지 않았으면 좋겠어요. 그리고 스스로를 포기하지 말아요. 비난하지 말아요. 여러분의 상처가 나아지기까지 오랜 시간이 걸리겠지만 살아가 줬으면 좋겠어요. 여러분의 아픔이 진심으로 치유되었으면 좋겠어요. 여러분이 가슴 벅차게 행복해서 눈물이 나올 만큼 행복하고, 넘치도록 사랑받았으면 좋겠어요. 여러분의 존재 자체로, 있는 그대로, 온전히.

죽고 싶을 때, 삶을 포기하고 싶을 때 제가 했던 말을 기억해 줘요. 여러분의 존재도, 이름도, 얼굴도 모르지만 이 세상 어디에선가 여러분이 살아가길, 살아가 주길 간절히 바라는 사람이 여기 있다는 것을 꼭 잊지 말아요. 힘겹겠지만 여러분도 나아지는 과정을 저랑 함께해 줬으면 좋겠어요.

저랑 함께해요. 같이 살아가 봐요.

## 아동복지실천회 '세움'에 전하고 싶은 마음

세움을 처음 알게 되었던 그 순간을 잊지 못합니다. 세움 덕분에 살고 싶어졌습니다. 살아가야 할 이유가 생겼습니다. 세움이 제 곁에 있어 줘서 인생에서 가장 따뜻하고 행복한 시간을 보냈습니다. 세움이 있어 죽고 싶었던 수많은 순간을 버텨 왔고 힘들 때마다 떠올렸습니다. 힘들 때, 기쁠 때, 슬플 때, 행복할 때 모든 순간에 세움이 가장 먼저 생각났습니다. 죽고 싶을 때에는 마음을 다잡았고 행복할 때에는 웃음을 지었습니다. 제 인생에 한 페이지가 되어 주어 고맙습니다.

한빛이란 사람을 있는 그대로 봐 주고, 저라는 사람을 아껴 주고, 자랑스럽고 대견하게 여겨 주고, 행복의 의미를 알려 주어 정말 감사합니다.

이 글을 쓰면서 목이 메어요. 대표님, 선생님들과 비밀 친구분들, 언니, 오빠, 동생들이 있어 지난 4년간 진심으로 너무나도 행복했습니다. 그 어떤 말로 다 표현할 수 없을 만큼 이 세상의 모든 표현이 다 부족할 만큼요. 세움의 모든 사람에게 이 글을 통해 온 마음을 다해 전합니다. 정말 사랑합니다.

## 기록

글쓴이

### 2020년 3월

작년과 별반 다를 것 없는 겨울방학의 어느 날이었다. 한 가지 다른 점이라면 코로나19가 발생했다는 것과 그 여파로 어쩔 수 없이 겨울방학 기간이 늘어난 것이었다.

당시 고등학교 2학년이었던 나는 엄청나게 늘어난 겨울방학을 즐기면서 평소처럼 집에서 시간을 보내고 있었다. 그날도 새벽 늦은 시간에 잠이 드는 바람에 아침 10시까지 늦잠을 잤다. 기분 좋게 일어나서 씻고 밥도 먹고 하다 보니 벌써 12시가 거의 다 되어 가는 시간이었다. 다만, 한 가지 마음에 걸리는 점은 아침부터 할머니께서 체기가 있는 것 같아 걱정되었다.

하지만 평소에 할머니께서 워낙 건강하시기도 하고 소화제도 드셨기 때문에 시간이 지나면 괜찮을 줄 알았다. 그런데 얼마 지나지 않아 할머니께서 소리를 지르시며 쓰러지셨고, 우리 가족은 놀란 마음을 진정시키고 119에 전화를 해서 할머니를 가장 가까운 병원으로 이송했다.

병원에서 알려 준 할머니의 검사 결과는 보험 광고에서나 한 번쯤 흘려들었을 법한 뇌졸중이었다. 병원에서는 뇌로 연결되는 왼쪽 혈관이 너무 좁아지고 약해져서 몸의 왼쪽 부분에 마비가 올 수도 있다고 했고, 할머니의 연세가 적지 않기 때문에 완전한 회복은 힘들 것이라 했다. 누구보다도 친했던 할머니께서 중환자실에 입원하게 되셨고, 어머니는 병실을 지켜야만 하는 상황이었다. 어머니도 다리를 수술해야 하는 상황이었지만 기초생활수급을 받으면서 생활하는 우리 가족에게 두 분 모두 입원하는 것은 경제적으로 부담이 되었기 때문에 어머니의 수술을 미루고 할머니의 간호인을 자처하셨다.

나는 집에 남아서 동생들을 돌보고 함께 생활하면서 할머니의 건강이 좋아지기만을 기다리며, 지금까지 살아오면서 가장 무서운 한 달을 보냈다. 다행히도 할머니는 집으로 돌아오셨으나 후유증으로 인해 걷거나 말하기, 밥 먹기 같은 기본적인 것을 혼자 할 수 없는 상황이었다. 할머니는 본인 스스로 힘들어하셨다. 그렇지만 가족이 모두 노력한 끝에 예전만큼은 아니어도 천천히 건강을 회복해 나가셨고 겨울방학이 끝날 즈음에는

135

예전과 같은 할머니의 모습이 조금씩 보이기 시작했다.


## 2020년 7월

지금 생각해 보면 2020년부터 2021년까지 우리 가족에게 2년 동안 한 번에 너무 많은 일이 일어났던 것 같다. 우리 가족에게 그 문제는 7월 9일 평소와 다를 것 없던 날 갑자기 시작되었다.

학교 수업이 다시 대면 수업으로 바뀐 후 얼마 지나지 않아서 등교하는 것이 어색해졌을 때 즈음이었다. 그날은 원래대로라면 대면 수업이 늦게 끝나는 목요일이었지만 코로나19 때문에 단축 수업을 하고 집으로 돌아온 날이었다. 평소보다 이른 시간에 수업이 끝나서 돌아오는 버스에서는 마치 차를 빌린 것처럼 사람들이 거의 타지 않아 기분 좋게 집으로 돌아왔다. 그렇게 집으로 들어가자마자 할머니와 인사를 하고 방에 들어가려고 하는데, 할머니께서 내게 해 줄 말씀이 있다고 하셨다.

할머니는 한참 동안 상황을 설명해 주시면서 머뭇거리시더니 "너희 엄마가 구치소에 들어갔다."라고 말씀하셨다. 어머니와 같이 사업하던 동업자가 돈을 받지 못해서 어머니를 고소하였고, 재판을 받으러 간 날 바로 판결되면서 구치소에 수감되셨다는 것이다.

그 이야기를 듣자마자 '사람이 그렇게 쉽게 감옥에 갈 수 있는 건가?'라는 생각도 들고 당황스러워했다. 어찌어찌 동생들에게도 두루뭉술하게 상황을 설명해 주었고, 일주일 정도 지났을 무렵 어머니에게서 첫 서신이 왔다. 서신의 겉에는 어색한 구치소 주소와 우리 집 주소가 적혀 있었고 낯선 내용으로 가득 차 있었다. 수감번호, 영치금, 구치소 전화번호, 접견을 신청하기 위한 전화번호, 우리가 어머니를 위해 지금부터 해 줘야 하는 것 그리고 생활비 관리와 어머니 앞으로 당장 갚아야 하는 빚에 관한 내용과 지급하는 방법들이었다. 첫 서신을 받고 나니까 어머니가 구치소에 수용되었다는 사실이 실감 났고, 이제부터는 내가 생활비 관리부터 어머니의 서신대로 일 처리를 도맡아 해야 한다는 것을 알게 되었다. 생활비를 관리하면서 보니 갚아야 하는 돈들이 꽤 있었고, 적은 액수부터 달마다 나눠서 지급하기 시작했다.

갑작스럽게 어머니가 수감된 것도 심적으로 힘들었지만 갚아 나가야 할 빚들을 보면서 더 많이 힘들었고, 고3이 적은 나이는 아니지만 주변 친구들보다는 빨리 철이 들었던 것 같고, 현재 상황만 보였다.


## 2020년 9~10월

어머니가 하루아침에 수용자가 되는 바람에 나 또한 수용자 자녀가 되었다. 하지만 그렇다고 고민을 다른 사람에게 이야기하거나 내가 느끼는 감정들을 밖으로 표출하지는 않았다. 괜찮다고 생각하려고는 했지만, 막상 마음속으로는 다른 사람들에게 들키지 않고 싶었던 것 같기도 하고, 한편으로는 바쁘기도 했다. 이것저것 어머니가 부탁한 일들도 해야 했고, 고등학교 3학년의 막바지였기 때문이다.

내가 다니던 특성화 고등학교에서는 취업과 대학 진학 중에 진로를 결정해야만 하는 시간이 다가왔다. 원래대로라면 이맘때쯤 취직을 하기 위해서 중소기업 면접도 보고 같은 반 친구들처럼 바쁘게 보냈을 것이다. 애초에 일찍 취업해서 집안 사정에 도움이 되고자 특성화 고등학교에 진학한 것이었기 때문이다. 그렇게 바로 취업하려고 했지만, 한 가지 문제가 있었다. 혹시나 해서 읍사무소에 물어보니 내가 돈을 벌면 현재 우리 가족이 기초생활수급자로 지원받는 돈이 내 몫뿐만 아니라 가족 전체의 몫이 나오지 않는 것이었다.

처음에는 내가 취직해서 받는 급여를 생활비로 사용하려고 생각한 것이었는데, 중소기업에서 받을 수 있는 급여가 지원받는 돈과 금액적으로 차이도 없었고 군대에 가게 된다면 가족이 생활할 수 없었기 때문에 대학 진학을 할 수밖에 없는 상황이 되었다. 운이 좋게도 특성화 고등학교였기 때문에 공부하는 내용이 다른 학교에 비해서 어려운 내용도 아니었고, 수업도 열심히 들으려고 하는 편이었기에 비슷한 전공으로 대학교에 지원할 수 있는 성적은 되었다. 그렇게 진로를 변경하면서 대학 진학을 위해 주변에서 도움을 받을 수 있는 기관이나 지원을 받고 있던 기관에 전화를 걸어서 장학금이나, 내가 지원받을 수 있는 것과 지원받고 싶었던 부분을 많이 물어봤다.

그 당시 어머니가 구치소에 수감되고 얼마 지나지 않았을 시기에 내 상황을 알고 조언을 구할 어른이라고는 나를 맡아서 도와주시던 복지사분이 전부였기 때문에 그분의 도움을 받으면서 대학 진학을 준비했다. 모든 부분에서 지원받을 수는 없었지만 여러 방면으로 알아보니 내가 생각했던 것보다는 경제적으로 부담이 되지는 않았다. 드디어 10월 초에 수시 모집이 시작되었고, 대학에 진학하고자 하는 몇몇 친구들과 함께 수시 1차를 접수하고 따로 대학에 제출해야 하는 서류들을 찾아 친구들 모르게 작성한 후 우체국에 가서 보냈다.

## 2020년 11~12월

그럭저럭 대학 지원에 필요한 조건들을 모두 충족시킨 후 불안한 마음으로 결과만을 기다렸다. 어느덧 수시 1차 결과가 나오는 11월이 되었고 마음을 졸였던 것보다는 쉽게 대학에 합격했다. 이제 급했던 대학 문제를 해결했으니 잠시 잊고 있던 또 다른 문제를 풀어야 할 차례였다.

어머니가 구치소에 가게 된 후 벌써 5개월 가까이 되었을 무렵부터 코로나19로 불가능하던 대면 접견이 허용되었다. 당시 어머니는 그렇게 멀지 않은 구치소에 있었고, 할머니는 소식을 들은 후에 곧바로 어머니를 만나러 가고 싶어 했다. 나는 가고 싶지 않았지만, 할머니가 너무도 힘들어하셨기에 1363번으로 전화를 걸어서 단계에 맞춰서 정보를 입력하고 접견이 가능한 날짜를 정해서 첫 접견을 신청했다. 그러나 나는 구치소에 갇혀 있는 어머니를 직접 보게 되면 내가 처한 상황을 받아들여야 할 것 같아 가고 싶지 않았다.

구치소에 가기 전 어머니가 가장 급하게 필요로 했던 정신과 약들을 대신 처방받아 버스에 탔다. 할머니와 단둘이 버스를 타고 휴대전화로 구치소를 검색하면서 괜히 주변 사람들에게 휴대전화 속 화면을 들킬까 조심하며 최대한 보이지 않게 가렸다. 접견 신청을 확인하고 어머니와의 첫 접견을 기다리면서 무슨 말부터 꺼내야 할지 굉장히 막막했지만, 이야깃거리를 생각해 내기도 전에 이미 우리의 차례였다.

마지막으로 구치소에 들어가기 전 주의사항을 듣고 접견실 중 첫 번째 방에서 어머니를 기다렸다. 5분 정도 시간이 흐른 뒤 파란 죄수복을 입은 어머니가 접견실 문을 열고 들어왔다. 할머니께서는 어머니를 보자마자 눈물을 쏟으셨고, 나와 어머니는 괜히 어색한 웃음을 지으면서 안부를 묻고 본격적으로 이야기를 시작했다. 접견시간이 10분밖에 되지 않아서 다른 이야

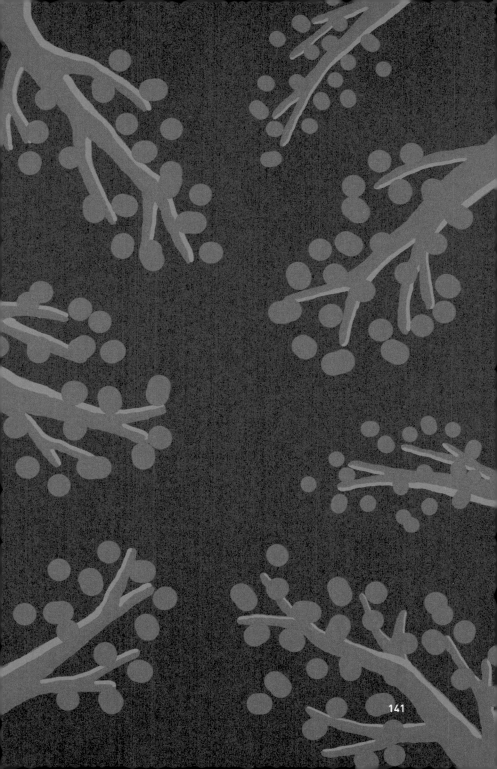

141

기는 하지 못하고 어머니가 그 안에서 필요한 것과 집에 돌아가면 내가 해야 하는 것을 알려 주셨고, 그것들을 받아 적느라 첫 접견이 금방 끝났다. 너무 순식간에 시간이 지나갔지만 어쨌든 내 나름대로 성공적으로 첫 접견을 한 것 같아서 시원섭섭하게 집으로 돌아갈 수 있었다.


## 2021년 1~7월

첫 접견 이후 얼마 지나지 않아 이제 고등학교를 졸업하고 대학에 가게 되면서 개인적인 시간이 많이 생기게 되었다. 일주일에 한 번씩 대면 접견이 가능했기 때문에 매주 주말이면 구치소로 찾아갔고, 스마트 접견이나 전화 접견도 항상 모두 쓰려고 했다. 그러나 2월부터는 코로나19가 전체적으로 다시 3~4단계로 증가하면서 모든 접견이 비대면으로 바뀌었다. 매주 월요일마다 어머니에게서 서신이 도착했었는데, 아마도 이 시기부터 어머니는 인터넷 서신에 약간 집착하셨다. 그 이유는 가족의 관심이 그 안에서는 무엇보다 중요하기 때문이라고 설명해 주셨는데, 그 당시는 이해되지 않았다. 아무리 자주 서신을 쓰려고 노력한다고는 하지만 매일매일 쓰다 보면 이야깃거리도 없고, 그렇다고 2~3줄만 쓸 수도 없었기 때문에 최대한 많이 쓰려고 노력했다.

이번에 도착한 서신 속 내용은 그렇게 좋은 이야기는 아니었는데, 어머니가 원래 있던 곳에서 다른 구치소로 옮길 것 같다는 내용이었다. 나와 할머니는 혹시 몰라 같이 주변에 있는 구치소에도 미리 직접 가서 보고 서신으로 이야기해 주기도 했다.

2월 16일 드디어 어머니가 새로운 구치소로 이송 가는 날이었다. 따로 어느 곳으로 간다는 연락도 없고 서신도 없다 보니 원래 있던 곳에 전화를 걸어 물어보았다. 우리의 예상과는 다르게 오히려 더 멀리 떨어진 곳으로 이송 가게 되면서 대면 접견이 가능해도 하지 못하는 상황이 되었다. 새로운 곳으로 이송된 후 어머니에게 안 좋은 일들이 계속 생겼는데, 화장실에 가다가 넘어지면서 수술받지 못한 다리가 더 안 좋아졌고, 몸이 좋지 않아서 먹던 약과 추가로 다른 약이 필요해졌다. 하지만 새로 이송된 구치소에서는 얼마 후 더 이상 택배로 약을 받지 않고 직접 가서 약을 넣어 줘야 했다. 새로 이송된 구치소는 내가 있는 곳과 거리가 너무 멀었는데, 매번 갈 때마다 교통비도 부담되었기에 큰 고민이었다.

대학에 적응하는 시간이었던 내게는 온전히 어머니에게만 신경을 쓸 수 없었고 머릿속으로 많은 고민을 하고 있었다. 그러던 중에 어머니를 통해 '세움'이라는 단체에서 연락이 왔고 고민 끝에 세움에서의 활동에 참여하게 되었다. 매달 20만 원씩 누군가에게 처음으로 용돈도 받을 수 있었고, 비슷한 경험을 한 친구들을 만나서 이야기도 나누면서 속마음을 드러낼 수 있었으며, 내게 도움을 받을 수 있는 부분들은 전부 받게 되었고, 어머니의 약 문제도 도움을 받아서 편하게 다녀올 수 있었다. 이 글을 통해 세움에 정말 감사한 마음을 잊지 않도록 남기고 싶었다.

## 2021년 8~11월

어머니께서 구치소에 가신 지도 1년이 다 되어서 곁에 없다는 사실이 어색하다고 느껴지지 않았을 때쯤이었다. 처음과 비교하면 많은 부분에서 상황이 좋아지고 있었다. 경제적으로도 그렇고 어머니가 부탁하는 것들도 익숙해져서 이제는 딱히 문제가 되지 않았다. 또한 판결받은 1년 6개월 중에서 이미 절반 이상을 아무런 문제도 일으키지 않으며 잘 지내고 있던 어머니였기 때문에 8월부터는 기준이 충족되어서 임시 석방심사를 받을 수 있었다.

첫 번째 심사는 8~9월이었다. 심사 기간 중에는 수용자가 문제를 일으키지 않는 것도 중요하지만, 가족이 더 신경을 써야 한다. 어머니에게 들은 바로는 서신도 평소보다 더 많이 써 주고 영치금도 더 넣어 주어야 한다고 했다. 그래서 영치금도 더 넣고, 화상 접견도 일주일에 할 수 있는 양을 전부 채워서 통화했으며, 서신도 동생들과 함께 계속해서 썼다. 그렇게 한 달이 다 되어 가고 심사 결과가 나올 날이 가까워지면 질수록 기대감이 커졌다. 안타깝게도 임시 석방 명단에는 어머니의 이름이 쓰여 있지 않았고, 큰 기대를 한 만큼 실망감은 배로 돌아왔다. 그렇지만 첫 도전이니 다음을 기대하며, 두 번째 임시 석방 심사를 준비했다.

두 번째 심사는 9~10월이었고 첫 번째 심사 기간과 같이 열심히 준비했지만, 결과는 다시 한번 떨어지고 말았다. 두 번째 떨어졌을 때 어머니는 "이제 출소도 세 달 정도밖에 안 남았고 아무래도 임시 석방은 안 될 것 같다."라고 하면서 거의 포기하셨다. 두 달이라는 시간이 밖에서도 그리 짧은 시간이 아닌데, 그곳에서는 더 짧지 않은 시간으로 느껴졌을 것이었기에 포기한 듯한 어머니의 모습이 안타까웠다.

세 번째 심사는 10~11월이었다. 이제는 모두가 기대 반 의심 반으로 넣었던 세 번째 심사에서 드디어 어머니의 임시 석방이 수락되었다. 문자가 오자마자 화상 접견을 잡아서 누구보다 긴장되고 기대하고 있을 어머니에게 이 소식을 전해 주었다. 화면 속 어머니는 수많은 감정이 뒤섞인 표정이었다. 15분의 마지막 접견을 끝으로 1년 4개월 24일 만에 교도소가 아닌 집에서 어머니를 만날 수 있었고, 수용자 자녀로서의 기록도 마무리되는 순간이었다.

어린 시절에도 어머니와 함께한 시간이 많지 않아서 어색한 사이로 남아 있었는데, 이번 일을 겪으면서 어머니와 대화를 가장 많이 나눈 것 같다. 함께하지 못한 시간 동안 우리 집에서 어머니가 어떤 의미였는지 이제 알 것 같다. 어머니한테 말로는 다할 수 없지만 정말 고생하셨다고 말해 주고 싶고, 돌아와서 기쁘다고 말해 주고 싶다.

## 세상과 함께

### 변화가 있는 삶

만나게 되어 반가워요. 이번 제 이야기를 쓰게 되면서 걱정이 많았는데 어떠셨나요? 이야기를 읽을 만하셨나요? 처음 써 보는 글이라서 어색하기도 하고 어렵기도 하고 어떤 식으로 써야 하나 고민이 많았습니다.

제가 수용자 자녀가 되고 나서부터 겪었던 일들을 처음부터 다시 되새겨 보면서 쓴 글입니다. 처음 글을 써야 했을 때는 다시 그 기억들을 꺼내야 한다는 게 너무 무서워서 글을 쓸까 말까 고민이 많았지만 결국 쓰기로 했습니다. 이야기 속에서도 말했듯이 제가 느끼는 감정이나 상황을 남에게 들키고 싶지 않았는데 글을 쓰면서도 저도 모르게 그런 습관이 나왔던 것 같습니다. 그래서 지금 제가 읽어 봐도 글이 좀 딱딱한 것 같기는 합니다.

하지만 지금은 글을 쓰기로 선택한 것이 정말 잘한 일이라고 생각합니다. 글을 핑계로 어머니와 이야기도 많이 할 수 있었고, 제가 모르고 있었던 집안 상황도 많이 알 수 있었습니다. 어머니와 대화가 부족했던 저에게는 아직 어색하기는 하지만 이번 글쓰기가 대화의 시작이 되어 주었습니다.

지금 일어나는 일들에 대해 저처럼 모르는 부분이 많아 답답한 부분이 있을 수 있다고 생각합니다. 처음에는 어렵겠지만 답답한 부분이 있다면 그 사람과 이야기를 시도해 보시면 지금보다는 더 좋아질 것입니다. 또 가정 상황이 너무 어렵거나 경제적인 도움을 받고 싶다면 여러분 주변에도 도움을 받을 수 있는 곳이 있으니 한번 시도해 보면 좋겠습니다. 먼저, 동네 주민센터에 찾아가서 도움을 요청하시면 어떤 도움을 받을 수 있는지 설명해 주시고, 시간이 지나면 여러 기관에서 도움을 주러 연락이 올 것입니다. 그렇게 큰 정보는 아니지만, 여러분에게 도움이 되었으면 좋겠습니다.

"인생은 멀리서 보면 희극, 가까이서 보면 비극이다."라는 말이 있습니다. 많이 들어 봤던 말인데, 저에게는 이번 일을 겪고 난 후 그 의미를 제대로 알 것 같았습니다. 어머니께서 수감되신 직후만 해도 제 인생이 비극이라고 생각했습니다. 하지만 시간이 흐른 지금에는 서로 웃으면서 그때의 일을 말할 수 있는 희극이 되어 가고 있다고 생각합니다. 여러분의 삶도 언젠가 저처럼 변화가 있을 것입니다.

## 좀 더 성숙해질 수 있는 시간

여러분. 제가 수용자 자녀로서 보낸 기간이 짧다면 짧은 시간이었을 수도 있지만. 경험해 본 사람으로서 느꼈던 점에 대해 말씀드리려 합니다.

저도 수용자 자녀가 되어 보기 전까지는 수용자에 대해서 편견으로만 가득했던 것 같습니다. 게다가 수용자 자녀에 관해서는 관심도 없어서 별다른 생각도 못했던 것 같습니다. 하지만 제가 직접 그 당사자가 되어 보니 수용자보다도 더 고통받을 수 있는 존재가 수용자 자녀라고 생각했습니다. 다른 사람들에게 편견 없이 들릴 수만은 없는 이야기라고 생각하기 때문에 혹시나 들킬까 항상 불안했었습니다. 죄를 짓지 않았는데 죄인이 된 느낌이라고 하면 조금은 이해가 될까요? 그래도 지금 생각해 보면 처음에는 마냥 억울하고 답답했었는데 그 속에서도 배울 점이 있었던 것 같습니다. 좀 더 성숙해질 수 있는 시간이었고, 가족과 더 많이 이야기할 수 있는 시간이었습니다.

언젠가 저와 같은 경험을 할지 모르는 사람들에게 해 주고 싶은 이야기가 있습니다. 살아가다 보면 어떤 일이 본인에게 생길지는 아무도 알 수 없습니다. 저도 수용자 자녀가 되어서 이렇게 글까지 쓸 것이라고는 생각도 하지 못했었으니까요. 여러분도 혹시 저와 비슷한 상황에 부딪히게 되더라도 좌절하거나 포기하지 마시고 용기를 가지고 문제를 해결해 나갔으면 좋겠습니다.

- 여러분이 저와 같은 상황이 된다면 어떠할 것 같나요?
- 마음속으로 저처럼 본인도 모르게 편견이 존재하고 있지는 않나요?
- 저의 이야기와 다른 친구들의 이야기를 읽어 보시고 생각이 조금은 달라지셨나요?

여러분을 상황에 대입해서 한번 생각해 주시면 수용자 자녀에 대해 깊게 생각해 볼 수 있을 것 같아 질문들을 넣어 봤습니다. 긴 글을 읽어 주셔서 감사합니다.

이 책을 쓴 7명의 젊은 작가에게는 공통점이 있다. 남의 이야기라고 생각했던 사건 혹은 드라마나 영화의 소재로나 접했던 사건들이 현실이 되어 이들의 삶 속에 찾아왔다. 아니, 추천사를 써 주신 이지선 교수님의 표현처럼 어느 날 예상치 못했던 '그 사건'을 어린 시절에 '마주했다'. 누군가는 예민했던 사춘기 시절에, 또 누군가는 그보다 어린 초등학교 시절에 부모님이 이러저러한 이유로 교도소에 수감되셨고 오랫동안 집으로 돌아오지 않으셨다. 아무 준비도 하지 못했던 어린 작가들은 하루아침에 '수용자 자녀'라는 꼬리표를 달게 되었고, 그날 이후 누구에게도 말하고 싶지 않고 들키고 싶지 않은 비밀이 생겼다. '그저 평범한 가정에서 아무 일 없이 그저 평범하게 사는 것처럼' 보이기 위해 긴장의 끈을 잠시도 놓을 수 없었다. 이 책은 7명의 수용자 자녀가 처음으로 용기 내어 세상 밖으로 자신의 목소리로 들려주는 그들의 비밀 이야기다.

2015년 '세움'은 국내 최초로 모든 아동은 부모의 수감 여부와 관계없이 존중되고 보호되어야 한다는 아동복지 관점으로 수용자 자녀들을 만나기 시작했다. 초기에는 주로 개별적인 가정방문을 통해 만남이 이루어졌지만, 점차 청소년 캠프나 청소년동아리 활동처럼 당사자들의 모임 안에서 그 만남이 활발히 이어져 갔다. 그렇게 세움의 시간이 흐르면서 그 아이들이 성장하고 자라 어느새 성인이 되고 대학생이 되었다. 이제는 세움이 돌보는 어린 아동이 아닌 수용자 자녀가 당당하게 사는 세상을 만들기 위한 세움의 미션을 함께 협력하며 수행할 든든하게 기댈 어깨, 파트너가 되어 돌아왔다. 7명의 작가는 대학생 자문단 1기로 한 해 동안 활동하며, 공동 프로젝트 과제로 수용자 자녀로서의 각자의 경험을 이 책에 담아냈다.

본격적인 글쓰기 활동은 단풍이 가장 화려하고 깊게 물들었던 늦가을에 시작되었다. 글쓰기를 해 본 사람들은 알겠지만 자신의 이야기를 글로 쓴다는 것은 쉽지 않다. 더군다나 오랜 시간 직면하고 싶지 않아 가슴속 어딘가 깊은 곳에 묻어 두었던 이야기를 다시 끄집어내고, 그 일을 다시 기억하고 직면하며 느끼는 작업은 여간 고통스럽고 두려운 일이 아니다. 코로나19 상황으로 오프라인 모임 자체가 어려운 때도 많았지만 방역지침이 허용하는 범위 안에서 늦은 가을 1박 2일 글쓰기 워크숍으로 이 책은 시작되었다. 워크숍을 통해 서로에 대해 더 많은 이야기를 나누며 알게 되었고 서로에 대한 안전한 친밀감을 느낄 수 있게 되었다.

밤이 깊어 가고 있을 때 누군가 먼저 질문을 했다. '수용자 자녀로서 어떻게 그 시간을 지냈는가? 어떤 경험이었나?' 그리고 용기를 내어 먼저 자신의 이야기를 시작했다. 하루 종일 즐겁게 웃던 웃음소리 대신 진지한 표정과 침묵 속에 모두가 그 이야기를 경청했다. 이런 자리가 다소 불편하게 느껴지는지 아니면 자신의 고통과 맞물려서인지 누군가의 눈빛이 흔들리고 고통스러운 듯 일그러지기도 했다. 마치 그 시간을 이기지 못하고 뛰쳐나갈 것만 같은 표정이어서 내심 걱정이 되기도 했다. 나중에 알고 보니 다른 사람의 이야기를 듣는 동안 지금까지 오로지 자기 혼자만이 이 세상 '비련의 주인공'처럼 그 힘든 시간을 지내왔다고 생각했는데, 눈앞에 있는 다른 멤버들이 자기처럼, 아니 자기가 생각했던 것보다 더 힘든 시간을 지내온 것이 마음에 고스란히 전해져 어찌 반응해야 할지 몰라 그랬다고 했다.

워크숍 이후 대학생 자문단 1기 공동 프로젝트인 글쓰기 작업은 박차를 가하기 시작했다. 이제 서로에 대해서 좀 더 깊이 알게 되었고 자신의 이야기를 꺼내 놓아도 서로가 안전하다고 느꼈기 때문에 가능했다. 처음 기획 단계부터 글의 구성, 초안 작성과 지난하게 반복되는 수정 작업 등 글쓰기를 마치고 출판사에 원고를 넘기기까지 전문가들의 도움 없이 7인의 작가는 리더를 중심으로 모임을 주도했다.

요즘 대학생들이 얼마나 바쁜 일정을 소화하고 있는지 7명의 작가를 통해 알게 되었다. 7명이 모일 수 있는 시간을 온라인이든 오프라인이든 정하는 일이 가장 어려웠다. 코로나19로 모임이 지연되기도 하면서 프로젝트를 진행하는 데 시간이 매우 촉박했다. 그래서 7명의 작가는 매월 1회씩 모이는 정기모임 이외에 겨울방학 두 달 동안 매주 일요일 오후 시간을 전적으로 글쓰기 프로젝트에 할애하기로 했다. 주중에 각자의 글을 작성하고, 동료들의 글을 교환하여 읽고 서로에게 피드백하는 방식으로 의견과 생각을 나누는 작업을 계속해 나갔다. '좀 더 세련된 책을 완성하기 위해 전문가의 도움을 받는 것이 어떨까?' 하고 잠시 생각했지만 거칠더라도 오롯이 이들 7명의 수용자 자녀가 경험하고 느끼고 생각한 방식대로 전하기로 했다.

　　워크숍 때 모두가 황홀해했던 단풍은 흔적도 없이 다 지고 메마른 가지에 생명 없어 보이는 겨울이었지만 대학생 자문단 1기가 보낸 지난겨울은 그 어느 때보다 화려하고 열정적이고 따스했다. 때로는 모임 중에 서로의 아픔이 건드려져 긴장감이 돌기도 하고 서로의 이야기에 마음 아파 마음앓이를 하기도 했다. 그렇게 몇 달의 시간이 지나면서 7명의 작가 얼굴에는 이전보다 안정되고 편안한 빛이 보였다. 그리고 자신의 이야기를 조금 더 편하게 당당하게 이야기하는 모습이 보였다. 다른 사람들의 글을 읽고 객관적으로 코멘트도 해 주고 수용하는 과정 속에 서로에 대한 신뢰의 깊이도 쌓여 가는 듯했다.

그들에게 이 시간은 어떤 의미였을지 물어보았다. 처음 초안을 작성할 때만 해도 잊고 싶은 상처를 직면하는 과정이 너무 고통스러워서 그만두고 싶은 마음이 들었다고 한다. 글을 써 나가는 동안 밤새 잠도 이루지 못하고 울기도 했다. 그렇지만 신뢰할 수 있는 동료와 세움이 함께해서 의지할 수 있었고 위로받을 수 있었고 그 힘든 과정을 지나갈 수 있었다고 한다. 인생을 살아가면서 반드시 풀어야 할 과제이지만 그동안 보이지 않는 곳에 외면하고 미뤄 두었던 과제를 마침내 해낸 것처럼, 적어도 그 과제를 시작한 것처럼 자유로움과 당당함이 느껴졌다.

7명의 작가가 간절히 소망했던 것처럼 본인들이 지나온 길을 이제 겪고 있을 또 다른 수용자 자녀들이 이 책을 읽으면서 '너의 잘못이 아니다'라는 메시지를 듣고 위로받기를 바란다. 또한 자신의 잘못과 아무런 상관없이 가족이라는 이유로 남몰래 아파해야 했던 수용자 자녀의 삶을 간접적으로 경험하며 우리 사회 내 존재하는 잘못된 편견과 시선이 바뀌기를 바란다.

대학생 자문단 담당자라는 이유로 이들의 열정적인 겨울을 함께할 수 있어 누구보다 행복한 사람이 될 수 있도록 허락해 준 7명의 작가에게 그리고 선배들의 글을 읽고 기꺼이 삽화를 그려 준 유찬이에게 진심으로 감사의 마음을 전한다.

(사)아동복지실천회 세움 사업1부장
최윤주

# 저자 소개

## 콩

올해 스물한 살입니다. 스무 살에는 성인이나 미성년자였지만 스물 한 살이 되고 나니 정말 어른이 되었다는 사실을 부정할 수 없어 슬프기도 하고, 기대되기도 하고, 막막하기도 한 복잡한 기분입니다. 서울에서 재미있게 대학을 다니고 있습니다. 저 자신이 대학생으로서 참 멋있는 사람 같습니다.

## 글쓴이

이 책에서 「기록」을 썼습니다. 현재 대학에서 공부하면서 하고 싶은 일을 찾고 있습니다. 중학생 때까지는 좋아하는 것도 없고 하고 싶은 것도 없었는데, 고등학생이 되기 전 우연히 해 본 농구가 지금 제가 가장 좋아하는 것이라고 확실히 말할 수 있습니다. 농구를 하는 순간만큼은 우울한 감정들이나 머리 아픈 일들을 머릿속에서 지울 수 있었기 때문입니다. 농구를 잘하지는 못하지만 할 때마다 새롭고 좋아하는 만큼 할 때마다 어려운 것 같기도 합니다. 소심한 성격이어서 새롭게 도전하는 것을 좋아하지 않았습니다. 웹툰을 보거나 새로운 취미를 가질 때도 별것도 아닌 것 때문에 시도하기도 전에 고민만 하다가 결국 하지 않는 경우가 많은데, 앞으로는 별것도 아닌 것으로 고민하는 것에 시간을 낭비하지 않도록 좀 더 도전적인 사람이 되어 보려고 합니다.

## 다피

올해 스물세 살입니다. 열네 살에 아버지가 수감 생활을 하시게 된 것이 안 좋은 일의 시작이었습니다. 우울증과 자살, 어머니의 사망 그리고 힘든 일들이 있었지만 잘 극복하고 스물두 살에 조기 취업하여 8개월 차 직장인이 되었습니다. 한 업계에 디자인 부서에서 근무 중입니다.

## 라엘
어린 시절에 부모의 수감, 따돌림, 성폭행 등 여러 사건 사고를 겪으며 불우하게 자랐으나 성인이 된 이후 하나님을 만나면서 극적으로 변화되고 회복되었습니다. 자신의 아픔을 더 이상 약점이 아닌 무기로 삼아 나아가는 전화위복의 캐릭터 덕분에 힘든 상황에도 앞으로 나아가려는 강한 심지가 있습니다.

## 망고
반복적인 일상에서 항상 새롭고 즐거운 일을 찾아 떠나는 것을 좋아합니다. 구름처럼 포근하고 햇살처럼 따뜻한 모습으로 여러분의 마음을 똑똑 두드려 희망을 주고 싶습니다.

## 육공이
올해 스물두 살로 아직 대학생이지만 남들과는 조금 다른 경험을 해보았습니다. 그 경험과 같은 경험을 한 이들에게 공감과 위로의 말을 전하고 싶습니다.

## 한빛
힘겹게 살아남은 생존자로, 현재는 메이크업 아티스트로 활동하며 열심히 살아가고 있습니다. 수많은 아동학대, 성학대 그리고 수용자 자녀 피해자들의 고통을 알리고 세상을 바꾸는 것이 목표입니다. 골든타임에 그들을 최대한 살리고, 그들과 함께 목소리를 내겠다고 다짐하였습니다.

## 표지 그림 및 삽화 작가 소개

### 잠산

본명은 강산이며, 잠산은 예명으로 일러스트레이터이자 화가입니다. 이 책의 표지를 그렸습니다. "나무를, 큰 나무를 좋아합니다. 특히 나무 몸통에 옹이가 있는 나무를 좋아하고요. 나무를 보면 따뜻한, 언제나 중심에 있는 위로와 안정감이 있습니다. 그런 의미로 나무를 바라보는 소녀를 그렸습니다. 나무에 옹이가 있으면 옹이 부분은 더 단단하다 알고 있습니다."

### 김유찬

이 책의 삽화를 그렸습니다. 수용자 자녀로 세움 청소년동아리 활동에도 참여하였고, 현재 프리랜서 아티스트로 성장하고 있습니다.

## (사)아동복지실천회 세움 소개

(사)아동복지실천회 '세움'은 우리 사회의 사각지대에 남아 있는 5만여 명의 '수용자 자녀가 당당하게 사는 세상'을 만들기 위해 2015년에 설립된 아동복지전문기관입니다. 세움은 부모의 수감으로 인해 적절한 보호를 받지 못하는 수용자 자녀가 겪는 다양한 문제와 어려움을 아동 중심 관점에서 접근하며 아동의 인권이 존중되는 사회를 만들고자 합니다.

**홈페이지**  www.iseum.or.kr
**이메일**  seum@iseum.or.kr
**전화번호**  02-6929-0936
**유튜브**  세움TV

# 어둠 속에서 살아남다
## -7명의 수용자 자녀의 이야기-

2022년 7월 10일 1판 1쇄 인쇄
2022년 7월 15일 1판 1쇄 발행

엮은이 • (사)아동복지실천회 세움
펴낸이 • 김진환
펴낸곳 • ㈜**학지사**
　　　　　04031 서울특별시 마포구 양화로 15길 20 마인드월드빌딩
대표전화 • 02-330-5114　　팩스 • 02-324-2345
등록번호 • 제313-2006-000265호

홈페이지 • http://www.hakjisa.co.kr
페이스북 • https://www.facebook.com/hakjisabook

ISBN 978-89-997-2711-5　03330

정가 13,000원

출판미디어기업 **학지사**
간호보건의학출판 **학지사메디컬** www.hakjisamd.co.kr
심리검사연구소 **인싸이트** www.inpsyt.co.kr
학술논문서비스 **뉴논문** www.newnonmun.com
교육연수원 **카운피아** www.counpia.com